未来倫理

志
Toya Hiroshi

a pilot of wisdom

はじめに

私たちの現在の行動は、遠い未来にまで影響を与えることがある。その影響は、ときとして、まだ生まれていない、これから生まれてくる世代を脅かすこともあり得る。私たち「現在世代」は、未来世代に対して、倫理的な配慮をする責任がある。「未来倫理」とは、このような責任をどのように考えたらよいのか、そしてそれをどのように実践したらよいのかを考える、倫理学（ethics）の一領野だ。本書はこうした未来倫理について解説するものである。

現在世代は未来世代を脅かす。これは決してサイエンス・フィクションではない。例えば、私たちが日々乗っている自動車によって、温室効果ガスが排出される。温室効果ガスは気候変動を引き起こす。気候変動に歯止めがかからなくなれば、一〇〇年後に生まれてくる世代が甚大な被害を受ける可能性がある。もちろん、気候変動だけが問題ではない。私たちの日常を支えるテクノロジーの影響は、それが蓄積していくことによって、さまざまな形で未来世代に対する脅威になり得る。私たちはそうした脅威を社会課題として解決していかなければならない。それが未来倫理の基本的な態度である。

未来倫理は倫理学の応用的な分野である。そして、そうした分野には他にもいろいろなものがある。最先端のバイオテクノロジーがもたらす倫理的課題を考える生命倫理、人間による自然環境の破壊について考える環境倫理、人間のために虐げられてきた動物たちの権利を考える動物倫理。これらは多くの研究者にとって優れた解説書が書かれ、世に送り出されてきたため、世間での知名度も高いかもしれない。それに対して、未来倫理について網羅的に解説した書籍は、筆者が知る限りは存在しない。したがってその知名度も高いとは言えない。

しかしそれは、未来倫理が現代社会においてそれだけ重要度の低いテーマである、ということを意味するわけではない。事実はむしろその反対だろう。深刻化の一途を辿《たど》る気候変動だけを取ってみても、未来世代への責任が私たちにとって喫緊の課題であることは疑う余地がない。むしろ未来倫理は、いまこそ私たちが改めて向かい合うべき、学び直すべき問いであると考えられる。

ここに本書の根本的な動機がある。本書は、まだ未来倫理について詳しく知っているわけではない読者に対して、この分野のさまざまな論点を網羅的に紹介することを目指している。それによって、未来世代への責任について少し踏み込んで考えたい、という意志を持つ読者の要求に応えることが、本書の狙いである。

さて、ここまで読んで、あなたは未来倫理が自分と関係のあるテーマだと思っただろうか。それとも、それは一部の専門家が取り組めばよい問題であり、自分には関係ないと思っただろうか。

もし、自分には関係がないと思ったとしても、それは不思議ではない。なぜなら未来世代への脅威は、一人の個人の行動によってではなく、そうした行動の累積によって、いわば人類規模の集団による行動の帰結として、生じるからである。

例えば、あなたが気候変動を憂慮し、明日から自動車に乗ることをやめたとしよう。それはとても素晴らしいことだ。しかし、もしもあなた以外の全ての人々が行動を変えないなら、あなたがどれだけ頑張っても気候変動は解決されないだろう。

もちろん、一人ひとりの個人がそれぞれに努力し、一斉に行動を変容させることも可能かもしれない。しかし普通に考えてそれは簡単ではない。むしろ、そのように集団的な行動を変えるためには、公共的な政策を講じることによって、社会のシステムを変えていく必要がある。しかし、そうであるとしたら、未来倫理が重要なのだとしても、それはそうした政策を考える人にとって重要なのであって、個人には関係ないということになってしまうのではないか。それがごく一般的な考え方のようにも思える。

けれども、実はそんなことはない。私たちは個人としても未来倫理の実践に関与することができるはずである。

まず、一人の市民として私たちにできることは、政治家に対して意見を表明することである。例えば選挙において投票することで、政策に対して賛否を表明すれば、政治家に対して自分の意見を提示することができる。あるいは選挙を介さずとも、何らかの活動を行って、こういう政策を作って欲しい、こういう問題を解決して欲しいと、訴えかけることもできる。政治を変えるのは簡単ではないが、議会制民主主義を採る国であれば、このような形で個人が行動を起こすことは可能である。

別のアプローチの仕方もある。それは、消費者として未来倫理の実践に関与するということだ。消費者としてとは、どういうことだろうか。一言で言えば、それは未来に配慮した企業から商品やサービスを購入する、という関わり方である。近年、社会課題の解決への取り組みは、「企業の社会的責任（ＣＳＲ：corporate social responsibility）」として、重要な企業活動として認識されている。したがって、未来への倫理的な配慮に取り組む企業を支援することは、消費者として未来世代に寄与することを意味するだろう。

そうであるとすれば、未来倫理は決して専門家だけが知っていればいい問題ではない。これが、本書があなたに対して提供できる価値の一つである。あなたは、選挙で投票するたびに、どこかで何かを買うたびに、それによってある未来の実現に対して加担している。だからこそ、私たちは未来世代に対してどのような影響を与えるべきか、未来世代をどのように配慮するべきか、という問いについて、何らかの首尾一貫した考えを持っていなければならない。少なくともそれが現代を生きる人々のより望ましいあり方だろう。そして、未来倫理の知識は、そうした自分なりの意見や考えを形作るための、さまざまな手がかりを提供してくれるのである。

本書は哲学や倫理学の専門家を読者の対象としているわけではない。むしろ、そうした学問にこれまで触れてこなかった方、興味はあるけれど敬遠してきた方にも、ぜひ本書を手に取って欲しいと考えている。

未来倫理の議論はただの知識としてもとても興味深い。しかし、それを雑学として活用するだけに留《とど》まってしまうことは、そうした知識の真の価値を損なうことになるだろう。それらはむしろ実践に役立てられてこそ真価を発揮する。だからこそ、筆者は本書の内容を、いわば「使える知識」として活用してもらいたいと考えている。

そうした観点から、本書は人物や歴史の解説に終始するのではなく、この分野における重要な問いをいくつか立て、その問いに答えていく、という形で議論を紹介していく。それによって、読者は未来倫理の基礎から応用までを、自然に、かつ段階的に知ることができると考えられるからである。

各章の概要を説明しよう。

第一章では、**「未来倫理とは何か?」**という問いを扱う。恐らく読者の多くは未来倫理という言葉自体を本書において初めて目にしたのではないだろうか。本章では、倫理学という、より大きな学問分野の中で、未来倫理がどんな特徴を持つ分野なのか、そこでは何が考えられているのかを概観する。

第二章では、**「未来倫理はなぜ必要なのか?」**という問いを扱う。ここでは、なぜ現代がこのような状況に陥ってしまったのか、なぜテクノロジーがこれほどまでに猛威を振るっているのか、ということを歴史的に考えていく。それによって、なぜ個別の課題を個別に解決するだけではなく、未来倫理の統合的な理論が必要なのかを説明する。

第三章では、「未来倫理にはどんな理論があるのか？」という問いを扱う。未来倫理の理論は一つではない。そこには非常に個性的で斬新な理論が数多くある。本章では、そのうちの主要な理論として、契約説、功利主義、責任原理、討議倫理、共同体主義、ケアの倫理という六つの立場からなされるものを紹介し、マッピングする。

第四章では、「未来倫理はどんな課題に応えるのか？」という問いを扱う。本章では、未来倫理が議論される典型的な社会課題として、気候変動、放射性廃棄物の処理、生殖細胞へのゲノム編集を取り上げる。また、それらに対して未来倫理の理論を応用し、問題を整理していく。

第五章では、「未来倫理は未来を予見できるのか？」という問いを扱う。本章では、未来倫理を社会の中で実践するために避けることができない課題として、どのようにして未来を予見するのか、という問題を考える。また、その条件を抽出した上で、未来倫理の社会実装として有効であると考えられる取り組みの具体例を紹介する。

本書は、一般の方々を読者に想定しているため、可能な限り平明な文章で説明することを心掛ける。難解な理論を紹介する際に、ときには大胆に細部を省略したり、専門用語をあえて避けたりすることがあるかもしれない。それは、この分野に詳しい読者にとっては不満を抱かせるかもしれないが、本書が引き受けようとする社会的使命による制約として、ご容赦願いたい。

最後に、本書の基本的な態度を説明しておきたい。

「未来倫理」と聞くと、もしかしたら、これまで語られることのなかった、全く新しい倫理学の領域を想像するかもしれない。誰も聞いたことのない独自の理論の体系を期待するかもしれない。しかし本書が紹介しようとするのは、むしろ、一般的な倫理学の議論の延長線上で、未来世代への責任を考える手がかりである。もちろん、問題のスケールは大きいし、議論の過程でSF的な思考実験をすることもあるだろう。けれども、飛び道具のような新奇な概念が飛び出してくるわけではない。

一般的な倫理学の議論の延長線上で考える、とはどういうことだろうか。そもそも倫理学とは何か、ということは第一章で考えるとして、そこで問題になるのは、例えば、人を殺してはいけないのはなぜか、人に嘘《うそ》をついてはいけないのはなぜか、といったことである。数千年に及ぶ歴史の中で、哲学者はこのような問題について考え、膨大な議論の蓄積を残してきた。そしてその遺産が、今日の一般的な倫理学の問題圏を形作っているし、それだけではなく、法学・社会学・経済学などの他の学問の基礎にもなっている。未来世代への責任という問題は、確かに、現代社会において突如として出現した新しい問題である。しかし、私たちはそれをあくまでもこうした一般的な倫理学の中に組み入れ、包摂し、組織化しなければならないのだ。

なぜ、そうした態度を取る必要があるのだろうか。それは、未来世代への責任は、あくまでも私たちがいま生きている日常的な世界と地続きの問題として、考えられなければならないからだ。

もしも未来倫理が、従来の倫理学から切断された、全く新しい特殊な倫理学の領域として、あたかも浮島のような分野として捉えられてしまったら、そこから導き出される答えは、あなたの日常的な世界からも遊離したものになる。それは未来倫理を、「そんなことは考えていなくても日常生活は成り立つのだけど、でも余裕があるなら考えてみよう」といった態度でしか取り組まれることのない、二次的で副次的な領域にすることを意味する。

しかし、そのように考えるとしたら、私たちの日常における倫理的判断と、未来倫理が著しく乖離《かいり》したり、あるいは衝突したり、不整合を起こすことになるかもしれない。あるいは、私たちが日常的な倫理的判断を守ったまま、自分たちの都合が悪くなったら未来倫理だけを捨てることができてしまうかもしれない。トカゲが自らのしっぽを切り離すように。けれども、それでは未来倫理は実効性を持たなくなってしまう。あってもなくてもよいものになってしまう。

だからこそ未来倫理は、私たちの日常的な倫理的判断の根拠となる、一般的な倫理学の原則に包摂されるべきなのだ。確かに本書は新しい倫理学を創出しようとするものではない。しかしだからこそ、未来世代への責任を強力に基礎づけようとしている、と考えてもらいたい。私たちが、私たちにとって当たり前の日常生活を送ろうとするなら、私たちは未来世代への責任を引き受けなければならない。もしもそうした責任を引き受けないのなら、私たちは自分たちの日常的な倫理的判断を自ら裏切ることになる。それが本書の基本的な考え方である。

前置きが長くなった。そろそろ内容に移ろう。

これは、私たちの未来をめぐる思考である。

目次

第四章　未来倫理はどんな課題に応えるのか？　129

第五章　未来倫理は未来を予見できるのか？——175

図版作成／ＭＯＴＨＥＲ

第一章　未来倫理とは何か？

未来倫理は、未来世代への責任について考える、倫理学の一領野である。しかし、そもそも倫理学とは何だろうか。「倫理」と「倫理学」はどのように異なるのだろうか。そして、そうした倫理学の中で、未来倫理はどのような特徴を持つテーマなのだろうか。第一章ではこのような問いについて考えることで、未来倫理を考えていくための準備を整えていこう。

そもそも倫理とは

もっとも手前から考察を始めていこう。そもそも「倫理」とは何だろうか。

この言葉は私たちの日常的な言葉としても浸透している。「これは倫理的によくない」という言葉を聞けば、多くの人は、それが何を意味しているのかが理解できるはずだ。また、高校の科目にも「倫理」があるくらいなので、英語や数学と同じように、倫理に関する一定の知識を持っている人も少なくないだろう。要するに、多くの人が倫理についてなんとなく分かっているのではないだろうか。

とはいえ、どんな知識であってもそうだが、なんとなく分かっている概念のほうが、考えてみると実はよく分からないものだ。全く分からない概念であれば、真《ま》っ新《さら》な気持ちでその概念を学ぶことができる。しかし、なんとなく分かっている概念は、なんとなく分かっているために、自分の常識に囚《とら》われてしまって中途半端にしか理解できないということが、よく起こる。そういうわけだから、まずは議論の出発点として、そもそも倫理とは何かをここで確認しておくことが必要だろう。

結論から言えば、倫理とは、「人間がよりよく生きるために何をするべきなのかを説明する、ある規範の体系」である。もっともこれは、本書ではそれを倫理の定義として考える、ということだ。「果たしてそれは本当に倫理なのか?」と問うことは可能である。しかし、これ以上議論を遡ろうとすると収拾がつかなくなるため、まずはここにスタートラインを引かせてもらいたい。

さて、右の定義には「規範」という言葉が含まれている。規範とは、「○○するべきである」という形で表現される言明のあり方である。「○○するべきである」は当為と呼ばれることもある。そして規範は、「○○である」という事実の言明と、「○○したい」という選好の言明から、それぞれ区別される。

次のような状況を考えてもらいたい。あなたが海岸線をドライブしていると、波にさらわれそうになっている子どもを見かけたとする。その子どもは自分の力では絶対に波に逆らえそうにない。幸い、いまあなたが海に飛び込めば、その子どもを助け出すことが可能だ。

このような状況に遭遇したとき、あなたの前には行為の選択肢が開かれる。ドライブを中断してその子どもを助ける。ドライブを続けてその子どもを見殺しにする。あるいは、その子どもは助けたいが、自分が海に飛び込むのははばかられるので、他に助けを呼ぶ。いろいろな選択肢があるだろう。とにかくあなたはその中から一つを選ばなければならない。理不尽な話だが、仕方がない。現実の決断とはそのように突然やってくるのだ。

もちろんあなたは何を選んでも構わないが、その後に起きることは、あなたの選択によって大きく変わることになる。場合によってその結果に対してあなたは責任を負うことになるだろう。責任を負うということは、自分がなぜその行為を選択したのかを、他者に説明しなければならない、ということだ。

あなたが海に飛び込んでその子どもを助けたとしよう。しかし、この段階ではあなたが

	言明の形	例
規範	するべきである するべきではない	子どもを助けるべきである
事実	である ではない	子どもを助ける
選好	したい したくない	子どもを助けたい

倫理的な行為をしたと言えるかどうかは、まだ分からない。もしかしたらあなたは、海で溺れている人を見たら助けるのが趣味であり、助けたくて仕方なくて、ウキウキしながら海に飛び込んだかもしれないからだ（もしそうなら、溺れている子どもはあなたに遭遇できて幸運だ）。この場合には、あなたは規範に従ってその子どもを助けたことにはならない。あなたは単に「溺れている人を助けるのが好きだ」から助けたのであり、それは選好に基づいているのであって、規範に基づいているわけではないからだ。したがって、この場合にはあなたの行為は倫理的ではない。

それに対して、あなたが「生命を脅かされている子どもがいたら、その子どもを助けるべきである」という規範に基づいてその子どもを助けたなら、その行為は倫理的である。

あなたはその子どもを助けたことで、ビショビショに濡《ぬ》れて帰宅し、そのことを家族から問い詰められるかもしれない。

しかし、そのときあなたは次のように応答することができる。「目の前で生命を脅かされている子どもがいたら、その子どもを助けるべきだ。だから助けたんだ」と。このように、倫理的な規範は自分の行為を他者に対して説明し、その行為の正当化を可能にする。正しい規範に基づいて行為することは、他者への責任を果たす上で欠かすことのできないものである。

反対に、あなたがドライブを続けることを優先し、その子どもを見殺しにしてしまったら、どうなるだろうか。もしもあなたが気づいていないところで、あなたが子どもを見殺しにしたことを目撃した人がいたら、あなたはその子どもを見殺しにした責任を問われるかもしれない。そのときには、「なぜ、生命を脅かされている子どもがいたら、その子どもを助けるべきなのに、お前はその子どもを見殺しにしたんだ」と非難されるかもしれない。その非難に対して自分の行為を正当化できないなら、あなたの行為は倫理的に間違っていたことになる。あるいはそこで沈黙してしまったら、それは無責任だ。

では、こうした「倫理」と「倫理学」の違いはどこにあるのだろうか。つまり「学」がついていることによって、この二つの言葉の間にはどのような意味の違いが生まれてくるのだろうか。

多くの場合、この違いはそれほど強く意識されていない。しかしここでは便宜的に次のように意味を区別してみよう。

倫理とは単なる規範の体系である。それに対して、倫理学とは、その体系の妥当性を明らかにする学問である。妥当性とは、正しいと考えられる根拠がある、ということだ。このことは、言い換えるなら、単なる倫理には、その妥当性が明らかにされていない規範も含まれている、ということである。

例えば、東京でエスカレーターに乗るとき、多くの人は左に立つが、大阪では右に立つ。なぜということはないが、とにかくそうする「べき」ということになっている。それも一つの規範ではあるだろう。実際、みんながこの規範に従うことで、エスカレーターの世界には一定の秩序が形成されていることも事実である。

しかし、この規範には妥当性がない。「なぜ大阪ではエスカレーターの右に立つべきなのか」と問われたとして、この問いに対する満足のいく答えなど誰にも説明できないだろう。強いて言えば、「みんなが右に立つから」だろう。しかしそれは答えになっていない。なぜなら、「みんなが右に立つ」ということは事実の言明であって、規範の言明ではないからだ。「みんなが右に立つ」ということは、「だから、みんなが右に立つべきである」ということを意味しない。それは、「この世界に犯罪がある」ということが、「だから、この世界に犯罪があるべきである」ということを意味しないのと同様である。

妥当性がない規範とは、それがなぜ正しいのかを説明できない規範である。そうした規範に従っているとき、人々は、自分がなぜその規範に従うべきなのかを、理解することも説明することもできない。それに対して、どのような規範に妥当性があるのか、そもそも妥当性があるとはどういうことなのかを探究することが、倫理「学」の仕事である。

このようなことを書くと、そもそもエスカレーターで左右のどちらに立つべきか、ということは倫理でも何でもない、という反論が返ってきそうだ。それは単なる「習慣」に過ぎないのであって、倫理と呼ばれるような大仰なものではない、と。

確かにそうかもしれない。しかし、そもそも「倫理 ethics」という言葉は古代ギリシャ語の「ēthos」に由来し、この言葉はもともと「習慣」を意味していた。倫理と習慣は語源において兄弟なのである。言うまでもなく、習慣に妥当性があるとは限らない。「郷に入らば郷に従え」と言うが、絶対に右ではなく左に立つという信念を持った人に対して、どんなに言葉を尽くしても、大阪でエスカレーターに乗るときに右に立つことを納得させることはできないだろう。それが「大阪ではエスカレーターで右に立つべきである」という規範の限界なのである。

では、妥当性を持つ規範とはどのようなものだろうか。

例えば、「生命を脅かされている子どもがいたら、その子どもを助けるべきである」という規範は、エスカレーターでどちらに立つかという規範よりは、妥当性が認められそうだ。なぜなら、この規範に人々が従わなければならない理由をさらに説明できるからである。倫理学の領域ではこの作業を「基礎づけ」と呼ぶ。この場合には、「なぜなら、人間の生命には尊厳があるから」という基礎づけが可能だろう。

ただし、この基礎づけそのものの妥当性もさらに問い直すことができる。規範の妥当性を説明する理由にも妥当性が問われるのである。

確かに、人間の尊厳を根拠にすれば、生命を脅かされた子どもを助けることへの義務が基礎づけられるかもしれない。しかし、そもそも尊厳とは何だろうか。そんなものは本当に存在するのだろうか。あるいは、その尊厳が人間だけにしか認められない理由は何か。

あらゆる生命にも尊厳が認められるべきではないか。そうであるとしたら、私たちが一方において子どもを助けながら、他方において平気な顔をして動物の肉を食べているのは、矛盾しているのではないか。つまり、こうした矛盾を抱え込んでいる以上、尊厳を根拠とした基礎づけは成り立たないのではないか。このように批判することも可能だろう。

規範は基礎づけられなければならないが、しかし、基礎づけ自体もまた基礎づけられなければならない。このように考えていくと、そもそも普遍的な妥当性を持った規範を説明することが可能なのか、という疑問も思い浮かんでくる。

これは倫理学の根幹に関わる大問題である。残念ながら、紙幅の限られた本書でこの問題を本格的に論じることはできない。

しかし、仮に普遍的な妥当性を持った規範を説明できなくても、それによって倫理学の仕事が無意味になるわけではない。なぜなら、少なくとも、より妥当性のある規範とそうでない規範を区別すること、言い換えるなら、より説得力のある規範とそうでない規範を区別することはできるからである。

未来世代への責任を説明するために、自分なりの首尾一貫した意見や考えを説明できるようにする、という本書の目的に照らし合わせるなら、普遍的な妥当性を持つ規範を基礎づけられなくても、より妥当性があると考えられる規範を説明できることは、それだけでも大きな価値があるだろう。

一〇〇年後の津波

倫理学に関する確認はとりあえず終わった。次に、「未来」の倫理学とはどのようなものか、ということを考えていきたい。

先ほどの事例を改めて取り上げよう。あなたがドライブしていると、目の前で子どもが波にさらわれそうになっている。あなたは、その子どもを助けるか、見殺しにするかの選択を迫られる。さて、ここで注意して欲しいことがある。それは、この状況は全て現在において起きている出来事である、ということだ。

何を当たり前のことを言うのかと思うかもしれないが、これが重要なポイントなのだ。海岸線をたまたまドライブしていたあなたと、海で流されそうになっている子どもは、同時刻に存在している。あるいは、あなたがその子どもを見殺しにしてしまったとして、あなたに見殺しにしたことを非難する遺族も、あなたと同時刻に存在している。この事例では、全ての当事者が同時刻に存在しているのだ。同時刻に起きているからこそ、あなたは波にさらわれそうになっている子どもを認識できるのだし、その子どもを助けることができる。あるいはそれを怠って、遺族から非難され得るのである。

ではこの条件を少しだけ変更してみよう。もし、その子どもが波にさらわれそうになっているのが、あなたが生きている時代ではなく、ずっと未来で起きることだとしたら、どうなるだろうか。

例えば、あなたが今日たまたまドライブしているその海岸線で、一〇〇年後に子どもが溺れるとしよう。あなたには先ほどと同じようにその子どもを助ける責任がある、と考えられるだろうか。恐らく、ほとんどの人が、そんな責任はないと考えるのではないだろうか。なぜなら溺れている子どもはあなたの目の前には存在しないからである。そもそもあなたには、一〇〇年後にその子どもがここで波にさらわれるということ自体を、認識することができない。そして、もしあなたがその子どもを助けられなくても、あなたを非難する者は誰も存在しない。

私たちは、いま自分の目の前で起きている問題に対しては、倫理的に行為しなければならないと思う。しかし、問題が一〇〇年後に起きるのだとしたら、そうは思わないかもしれない。少なくとも倫理的な行為へと私たちを促す動機づけは著しく減少するかもしれない。

このような想像に何の意味があるのだろうか、とあなたは思うかもしれない。一〇〇年後に子どもが波にさらわれる事態に対して、「私」の行為が何らかの影響を及ぼすことなどあり得ないし、それは単なる空想の域を超えないのではないか。もちろん筆者としてもそれが空想で終わってくれたら大変嬉《うれ》しい。しかし、残念ながらこれは空想でも何でもないのである。

例えば、そうした事態を現実に引き起こし得る社会課題が、気候変動である。「はじめに」でも述べたように、私たちの社会が排出する温室効果ガスは地球温暖化を促進し、その影響は現在世代だけではなく、未来世代にまで波及する。そしてその影響は、海面上昇を引き起こし、生態系を破壊するだけではなく、そうした生態系に依存する多くの産業を破壊し、人々の生活を奪うことになる。

二〇二一年に開催された国連気候変動枠組条約第二六回締約国会議（COP26）では、気候変動のリスクとして自然災害の激甚化が指摘された。その一例として挙げられるのが、海面上昇による津波の破壊力の増加である。現在の規模で地球温暖化が進行していけば、それによって将来における津波の被害も拡大する。

海岸線をドライブしているあなたは、自動車の排気ガスによってこうした地球温暖化の拡大に加担しているかもしれない。そしてそれが原因となって、一〇〇年後にあなたがいまいる海岸線を巨大な津波が直撃し、そこにたまたま居合わせた子どもが流されてしまうかもしれない。このようなことは決して空想ではないのである。

しかし、そうであるにもかかわらず、先ほどの思考実験からも分かるように、私たちにとっての常識的な倫理では、このような未来において起こる問題に対処することができない。そうである以上、もしも私たちがこのような事態を問題として認めるならば、常識的な倫理のほうを修正し、この問題に対処し得る新しい規範の体系を考えなければならなくなるのだ。

現在と未来の関係

整理しよう。現在の行為によって引き起こされる問題が、行為と同時に生じるのではなく、未来において生じるとき、その問題に対応するための倫理は、行為と同時に生じる問題に対応するための倫理とは、根本的に異なったものにならなくてはならない。このようにして要請される新しい倫理を探究することが、未来倫理の課題に他ならない。では、そうした倫理はどのような点で常識的な倫理から区別されるべきなのだろうか。どのような点が新しいのだろうか。

この問いを考える上で鍵となるのは、現在世代と未来世代の関係をどのように捉えるのか、ということだ。未来倫理が、その他の倫理学の理論に対して占める独自の点は、未来世代に対する責任が、現在世代に対する責任とは根本的に異なるということから説明される。それはさしあたり次の三つの観点から説明されるだろう。

（一）他者性

いま目の前で波にさらわれそうになっている子どもを助けることと比べて、一〇〇年後にそうなっている子どもを助けることは、どのように異なるのか。すぐに思いつくことは、「私」にはその子どもが誰であるかが分からない、ということだ。なぜならその子どもは現在においてはまだ存在しないからである。「私」は、「私」が傷つけることになるかもしれない未来世代が誰であるか、ということを、本質的に知り得ないのだ。

未来世代が誰であるか分からない、ということは、単にその人を個人として特定できないだけでなく、その人の社会的な属性も特定できない、ということを意味する。例えば「私」にはその子どもの国籍を知ることも、その子どもが何語を話しているかも分からない。一〇〇年後には「私」がいま帰属している国家や共同体そのものが変わってしまっているかもしれないからだ。「私」が立っているこの場所も、一〇〇年後には全く違う国の領土になり、そこでは全く違う言語が話されているかもしれないのである。

この意味において、未来世代への責任は、それが誰であるかを特定することができず、本質的に共同体の外部に属する者への責任、つまり他者への責任である。未来世代が持つこうした性質を、本書では他者性と呼ぶことにしよう。

(二) 予測不可能性

未来世代への責任において特定できないことがもう一つある。それは、「私」のどのような行為が未来世代を傷つけることになるのか、ということだ。

もちろん、ある程度までなら未来を予測することは可能だ。ガソリンを燃料とする自動車に乗っていれば温室効果ガスが発生し、それによって気候変動が加速することは間違いない。しかしそれだけが気候変動を加速させる要因であるとは限らない。実は、現在においてはまだ知られていない潜在的な脅威が私たちの社会にあり、私たちが知らず知らずのうちにその脅威に加担してしまっている、ということも十分に考えられる。

少なくとも、自動車が発明された当初は、誰もそこから温室効果ガスが発生し、気候変動が生じるなどと予測していなかっただろう。それと同様に、私たちにとっては未知であるが、しかし気候変動に対して致命的な要因が存在しているかもしれない、という可能性は、決して否定できないのである。

ここには、全ての当事者が現在に存在することを前提とする倫理との、著しい違いがある。いま目の前で波にさらわれそうな子どもを助けるとき、私たちの前に開かれる選択肢の帰結は、全て明確である。どの選択肢を取るとどんな結果が生じるかを容易に予測できる。「私」がそのままドライブを続ければ子どもは間違いなく死んでしまうし、海に飛び込めば子どもを助けられる。そうした予測が可能だからこそ私たちは倫理的な規範に従うことができる。

しかし、一〇〇年後に波にさらわれそうな子どもを助けようとするとき、私たちに開かれる選択肢には、予測不可能性がつきまとう。例えばドライブをやめて自動車のない生活にシフトすることは一つの選択肢だろう。しかしそれだけで問題は解決されるだろうか。もしかしたら、もっと別の側面で行為を起こさなければ、一〇〇年後の津波は回避できないかもしれない。あるいは自動車のない生活にシフトすることが、巡り巡って、むしろ自然災害の激甚化を促進することになるかもしれない。それらを全てシミュレーションすることは不可能である。私たちは、それが実際に起きる瞬間までは、「私」のどのような行為が問題の原因になるのかを完全には知り得ないのだ。

(三) 非相互性

目の前で波にさらわれそうな子どもがいて、その子どもを助けたら、「私」は子どもから感謝されるだろう。あるいは、もしも助けずに見殺しにすれば、子どもの遺族から非難されるかもしれない。どちらを選んだとしても、「私」は他者から何らかのリアクションを受けることになる。つまり、「私」は他者に対して一方的に影響を与えるだけではなく、その行為によって他者からも影響される可能性があるのだ。この意味において、全ての当事者が現在に存在する倫理的状況において、「私」と他者は相互に影響を与え得る関係にある。つまり両者の間には相互性がある。

しかし、一〇〇年後に波にさらわれそうな子どもを助けようとするとき、こうした相互性は認められない。例えば、現在において何らかのアクションを起こしてその子どもを助けたとしても、「私」がその子どもや家族から感謝されることはない。なんといっても、子どもや家族は「私」に助けられたこと自体を知らないからである。あるいは、仮に何らかの仕方でそれが認識され、子どもや家族が感謝したとしても、多分「私」は一〇〇年後には死んでいるから、結局「私」がその感謝を受けることはできない。どんなに頑張ったとしても、「私」は誰からも感謝されずに死んでいくことになる。

反対に、「私」がその子どもを見殺しにしたとしても、「私」は誰からも罰せられない。そもそも遺族は、「私」のせいで子どもが海に流されたということを、認識することができない。あるいは、何らかの理由でその原因が一〇〇年前の「私」にあるということを知り、「私」を非難しようとしても、遺族には実際に「私」に非難の声を浴びせることはできない。そのときに「私」はすでに死んでいるからである。

このように、現在世代と未来世代の間には絶対的な非相互性がある。このことは、コミュニケーションだけではなく、力の問題にも当てはまる。現在世代は未来世代を傷つけることができるが、未来世代が現在世代を傷つけることはできない。言い換えるなら、未来世代は現在世代に復讐《ふくしゅう》することができない。現在世代は、決して復讐されない、ということを保証された上で、未来世代を傷つけることができ、一方的に影響を与えることができるのである。

未来倫理の「理論」をめぐる問い

私たちが倫理的な行為をするとき、その相手が誰であるか、その行為が何をもたらすのかを「私」が知り、そして「私」とその相手の間に相互性がある、ということは、伝統的な倫理学において暗黙のうちに前提にされてきた。しかし未来世代への責任はこの前提を覆してしまう。だからこそ、それは全く新しい倫理として考えられなければならないのだ。そしてここから、未来倫理の理論が説明するべきいくつかの問いが導き出されてくる。

（一）私たちはなぜ未来世代に責任を負っているのか

前述の通り、未来世代は現在世代にとって他者であり、少なくとも「私」の仲間ではない。また、現在世代と未来世代の間に相互性はない。現在世代は未来世代をどのように傷つけたとしても、未来世代から罰せられることもなければ復讐されることもない。つまり未来世代に対して何をしても「逃げられる」のである。それは、言い換えるなら、現在世代にとって、自らの利益を制限してまで未来世代のためにアクションを起こしたとしても、それはただデメリットでしかないということである。そうであるとしたら、なぜ、現在世代は何のメリットもないのに未来世代を気遣う責任を負っているのか。その根拠を明らかにすることが、未来倫理には求められる。

(二) 私たちは何を未来世代への責任として負っているのか

この問いは、「なぜ」を問うているのではなく、「何を」を問うている。つまり、現在世代に未来世代への責任があるとして、未来世代のために何をしたら、その責任が果たされたことになるのか、ということだ。

波にさらわれそうな子どもを助けることが責任だとしたら、それは「生命」の保護を未来世代への責任として負っている、ということになる。しかし生命だけが尊重されるべき価値であるとは限らない。例えば私たちは、未来世代の「幸福」を保護するべきであり、不幸な事態を避ける責任も負っている、と考えられるかもしれない。あるいは、同様に

「自由」も重要な価値であり、未来世代が不自由になるという事態を避けなければならない、という責任も考えられるかもしれない。しかし、これらが必ずしも両立するとは限らない。

(三)未来世代とは誰のことか

もう一つ、重要な問いは、私たちが責任を負う未来世代とは一体誰なのか、ということだ。この問いは、未来世代がどのような属性の人間なのか、という問題であると同時に、未来世代が「私」とどのような関係にある存在なのか、という問題でもある。

未来世代を特定しなければ、それに対する責任も説明することができない。したがってこの問いは避けることができない。しかし、同時にこの問題には細心の注意を払って取り組むことが必要である。なぜなら、未来世代が誰であるかを定義することは、未来世代を線引きすることであり、未来世代として配慮するべき者と、そうでない者を区別することになり得るからである。例えば、もしも私たちが未来世代を私たちの子孫として定義するなら、自分と家系的に連続していない未来世代はそもそも未来世代として定義されなくなり、倫理的な配慮の対象から除外されてしまう。

もちろん、そうした線引きに相応の理由があるなら、問題はない。しかし、無自覚に未来世代を限定するのなら、それは、本来なら配慮されるべきである未来世代を不当に傷つける暴力を正当化することになりかねない。したがって、未来世代が誰であるのか、という問いは、慎重に考えられるべきである。

これらが未来倫理の理論として考えられるべき全ての問いではない。しかし、その理論は少なくともこれらの問いに対して、明確な回答を示すことが必要だろう。本書では、第三章において、そうした理論を六つ紹介していく。その際、それぞれの理論がこれらの問いにどのように答え得るのかを考えていく。

未来倫理の「課題」をめぐる問い

未来倫理の理論について深い理解が得られたとしても、それを具体的な課題に応用することができなければ意味がない。その際に必要不可欠なのは、解決するべき課題に対して最適な理論を選択することである。そして、そうした選択を可能にするために、私たちはまず解決すべき課題の構造や特徴について熟知している必要がある。課題に対する深い理解がなければ、それに対して理論を応用することもまた不十分にしか実現できないからである。

例えば、本章では気候変動の問題を取り上げた。しかしそれは私たちのテクノロジーが未来世代に影響を与える事例の一つに過ぎない。他の事例では、気候変動とは全く異なる規模や形で、未来世代が脅かされるかもしれないのだ。

その一例として、放射性廃棄物の問題を挙げることができるだろう。原子力発電の過程で生じる高レベル放射性廃棄物の放射線量が、自然放射線量に低下するまでに、およそ一〇万年の歳月を要すると言われている。したがって、それらは一〇万年にわたって未来世代を脅かす可能性がある。

気候変動も、放射性廃棄物も、遠い未来の世代を脅かすに違いない。しかしその未来の遠さには明らかな違いがある。例えば、私たちが配慮するべき未来を、気候変動の課題に取り組むために一〇〇年後に想定するのか、放射性廃棄物の課題に取り組むために一〇万年後に想定するのかによって、私たちが取らなければならない発想は大きく異なるだろう。一〇〇年後であれば、私たちはまだ現在と連続する世界秩序を想像することができるかもしれない。しかし、一〇万年後の未来であれば、それは明らかに不可能である。そもそもそこで私たちが配慮するべき未来世代が、人間か否かということさえ、定かではないだろう。

あるいは、別の例を挙げるなら、ゲノム編集もまた未来世代に影響を与えるテクノロジーである。生殖細胞に対してゲノム編集を行った場合、その影響は次世代の子どもだけではなく、その子どもの子ども、さらにその子どもへと、限りなく継承されていく。そうである以上、ゲノム編集された子どもが子孫を産み続ける限り、その影響は無限の未来にまで波及していくのである。

一方で、気候変動や放射性廃棄物をめぐる課題とは異なり、ゲノム編集によって生じる未来世代への影響は、特定の個人に対して、その身体に直接的に生じることになる。気候変動や放射性廃棄物がもたらす脅威は、人間が生活する外部の環境に働きかけるものであるが、ゲノム編集がもたらす脅威は、人間の身体に内部から働きかけるものなのだ。

気候変動・放射性廃棄物・ゲノム編集は、いずれも未来世代への脅威をもたらし得る課題としては通底するが、しかしその内容を細かく見ていくと、それらの特徴は全く異なるものである。そしてその特徴の違いによって、どの理論を応用するのが適しているのか、ということもまた変わってくる。こうした多様性を無視して、全てを「未来世代への責任」と一緒くたにしてしまうと、生産的な解決策を導き出すことが難しくなる。

本書の第四章では、未来倫理が解決するべきこれらの課題の構造を、もっと詳しく検討していく。また、理論を応用することによって見えてくる個別の課題を分析し、理論の生産的な応用の可能性を模索していく。

未来倫理の「予見」をめぐる問い

未来倫理を考える上で、もう一つ、無視することのできない問題がある。それは、未来をどのように「予見」するのか、ということだ。

前述の通り、未来世代への責任を考えようとするとき、そこには必ず未来への予測不可能性がつきまとう。それはそもそも避けることのできない制約として受け入れざるを得ない。しかし、だからといって未来に何が起こるのかは全く分からない、という立場を取ってしまったら、それは現在における無責任な行動を正当化することになるだろう。なぜなら、どうせ未来のことなど分からないのなら、現在において何をしても無駄である、という意見に抗《あらが》えなくなるからだ。したがって、たとえ未来を正確に予測することが困難であるのだとしても、何らかの形で未来を予見することは必要である。

その際、私たちが予見するべきことには、自然科学的な事象だけではなく、社会構造の変化もある。未来世代にとって脅威となるものには、津波のように直接的に人間の身体を脅かすものだけではなく、差別のように社会的関係によって人間を苦しめるものも含まれる。したがって、私たちは現在のテクノロジーが未来の社会構造をどのように変化させ、その結果どのような問題が起こるのかを予見しなければならない。

しかし、こうした社会構造の変化を予見することは、極めて無謀な試みであると言える。そもそもこれからどんな新しい社会が誕生するのか、どんな社会的な混乱が生じるのかなど、事前に知り得るはずがない。それらを予見することは、自然科学的な事象を予測することよりも、はるかに困難である、と言える。

しかし、繰り返しになるが、それが困難であるということは、予見をしなくてもよいという理由にはならない。そもそも、予見が正確に行われることなど不可能なのだ。未来の予見は、まずその不完全性を前提にしなければならない。しかし、その上で、未来世代への責任として人々が納得することができるような仕方で、予見が行われなければならない。

したがって問題なのは、何を予見するのか、ということよりも、どのような方法で、どのような手続きでそうした予見を試みるべきなのか、ということだ。このような問題を、第五章で詳しく扱うことにしよう。

さて本章では、実際の問題に踏み込んでいくための準備として、そもそも倫理とは何か、というところから、未来倫理の問題設定について考えてきた。

しかし、もう一つ、大切な準備として考えておきたいことがある。それは、そもそもなぜ、私たちが生きている現代社会は、未来世代に対して深刻な脅威を及ぼすようになってしまったのか、ということだ。次章では、こうした問題を考え直すことで、未来への脅威を今日において偶然発生したものではなく、長い人類の歴史の帰結として捉え直してみたい。

第二章　未来倫理はなぜ必要なのか？

ある問題が起きているとき、その問題がたまたま起きただけのものなのか、それともその背後にもっと根本的な問題があって、そこから派生するようにして起きたものなのかによって、求められる解決方法は変わってくる。もしもたまたま生じただけの問題であり、単なるトラブルに過ぎないのなら、対症療法を講じればそれで十分である。しかし、その背後に根本的な問題があるなら、まずその問題を解決しなければならない。

未来倫理が前提としているのは、現代社会において、現在世代が未来世代を脅かしている、という状況である。これはたまたま起きただけのトラブルなのだろうか。それともその背後にもっと根本的な問題が存在するような、対症療法では済まない問題なのだろうか。

結論から言えば、それは後者である。もしも未来世代への脅威が、たまたま起きるだけのトラブルであるのなら、そうしたトラブルはいつの時代にも起こっていたはずだ。しかし、こうした問題はあくまでも現代に特有のものである。それが意味しているのは、人類の歴史の中で、現代に特有の何らかの条件が引き金となって、未来倫理への脅威が引き起こされている、ということだ。だからこそ、私たちはその都度トラブルを解決するだけではなく、ある一貫した原理に基づいて、問題と向かい合わなければならない。

では、未来世代への脅威を引き起こす根本的な問題とは何なのだろうか。それをもたらした現代に特有の条件とは何なのだろうか。本章では、こうした問題を、歴史を遡りながら考察していきたい。それによって、なぜ、現代社会に未来倫理の理論が必要とされているのかが明らかになるだろう。

自然の自己修復能力

現在世代は、まだこの世界に存在していない未来世代に対して、影響を与えることができる。しかし、なぜ、まだ存在していないものに影響を与えることができるのだろうか。

確かに、現在世代と未来世代が直接関係することはない。しかし両者は、同じ地球に生きるという点で、関係性を有している。つまり現在世代は、これから未来世代が生まれてくることになる地球に生きているのであり、その地球に対して影響を与えることによって、未来世代に対して影響を与えるのである。

もっとも、地球という表現はミスリーディングである。この言葉は、人間の外側に広がっている、環境的な世界を想起させる。しかし、現在世代が未来世代と間接的に共有しているものには、外界だけではなく、その内側にあるもの、すなわち身体も含まれるだろう。例えばゲノム編集は、まだ生まれていない未来世代の遺伝子を変更する技術であり、この意味において、現在世代は自らの遺伝子を未来世代と共有しているのである。

このように、現在世代と未来世代が共有し、それを介することによって現在世代が未来世代に影響を与えることが可能になるところのものを、「自然」と呼ぶことにしよう。自然には外的なものと内的なものが区別される。外的な自然としては人間が住む地球環境が挙げられ、内的な自然としては人間自身の身体が挙げられる。両方とも、人間が自分で作り出したものではなく、ただ与えられているもの、享受しているものである。しかし、そうした自然に対して人間が影響を与えることで、その自然を共有する未来世代にも影響が及ぶのである。

したがって、現在世代による未来世代への脅威が、現代に特有の問題なのだとしたら、それが意味しているのは、現在世代による自然への影響が、未来世代にとっての自然にまで及ぶようになったことが、現代に特有の現象である、ということである。言い換えるなら現代よりも前の時代には、人類による自然への影響が未来にまで及ぶことはなかった、ということだ。

これは、現代よりも前の時代には、人類が自然に影響を与えることができなかった、ということではない。そんなことは明らかにあり得ない。例えば農業をするために森林を伐採し、畑を耕すことは、明らかに自然に対して働きかけることである。しかし、その影響が未来にまで及ぶことはなかったのである。なぜなら、そうした影響は、自然によって回復され、なかったことにされてしまうからだ。

例えば畑は、人間が手入れをし続けなければ、簡単に雑草まみれになってしまう。一〇〇年も経《た》てば、そこに畑があったことなんて誰も思い出せないほどに、草木に呑《の》み込まれてしまう。自然にはそうした自己修復能力が備わっているのである。

こうした自然の力は、しばしば、人間に対して牙を剝《む》く。例えば巨大な自然災害が起こると、人間が苦労をして作り上げたもの――橋や、家屋や、あるいは街そのもの――を、いとも簡単に破壊してしまう。そうした自然の力は、人間の力をはるかに凌駕《りょうが》しているのであり、人間は一度自然が猛威を振るえば、それに対して服従するしかない。

しかし、だからこそ、人間は安心して自然に働きかけることができる。すなわち、自然には人間を超えた自己修復能力が備わっているのだから、人間ごときが自然をどのように作り替えようとも、自然は自分で元の姿に戻るだろう、と期待できるからである。

このような自然観が、人類の歴史の非常に長い期間を支配していたのではないだろうか。森には広大な緑がある。人間がそこから資源を奪い取っても、森には再び緑が生い茂り、新しい資源を生み出してくれる。そうした無尽蔵の力を信じられるからこそ、人間はいつか自然から資源が枯渇するのではないかという不安に苛《さいな》まれることなく、資源を収奪することができるのである。そのようにして人間は自然に依存し、自然に「甘える」ことができる。

このような自然観は、一方において、自然に対して人間を超えた力を認めている。しかしそれは、決して、人間と自然の調和を目指すものだけではない。まして、そこから自然を大切にしようという倫理的な配慮が必ず導き出されるわけではない。このような自然観においても人は自然を崇拝するかもしれない。しかし崇拝しているからこそ、自然に甘えることが可能になり、また自然を搾取すること、自然に対して暴力を行使することもまた可能になるのである。

こうした自然への甘えは、人間に対して、未来世代への自らの影響について配慮することも免除する。たとえ現在世代が何らかの失敗を犯したとしても、自然はその失敗を帳消しにし、なかったことにしてくれるからだ。例えばこのような自然観のもとでは、人間が森から木を伐《き》りすぎても、自然がすぐに再び木を生やしてくれるので、未来世代も自分と同じように森から木を伐ることができるはずだ、と考えることができるのである。

自然が人間よりも強い力を持ち、自己修復能力が機能している限り、現在世代は未来世代に影響を及ぼすことができない。したがって未来倫理を必要とする課題もそこでは生じない。そうである以上、現在世代が未来世代に影響を与えることが可能になるとしたら、それは人類の力が自然の自己修復能力を超えたときである。そして、そうした力を人類に与えたものこそ、「技術」に他ならない。

技術の歴史――「模倣」から「支配」へ

技術とは何だろうか。それは伝統的な哲学におけるとても大きな問いである。

古代ギリシャの哲学者アリストテレスは、技術を、ある目的を達成するための手段を製作する営みとして定義した。人間がそうした活動をもっともうまく果たすことができるのは、自然現象を人工的に模倣したときである。したがってアリストテレスは技術を「自然の模倣」として説明している。

例えば伝統的な農業では、春に種を播《ま》いて、秋に作物を収穫する。これは自然界における植物のあり方を模倣した技術である。夏に種を播いたり、冬に収穫しようとしたりしても、農業はうまくいかない。なぜならそれは自然を模倣できていないからである。したがって技術をうまく行使するために、私たちはまず自然をしっかりと観察し、その本質を理解しなければならない。農作物が自然においてどのように育つのかを知らなければ、農業をうまく行うこともできないのである。

こうした技術観は、自然が人間を凌駕する存在であり、人間よりも優れていると考える自然観の上に成り立っている。人間が自分で考えついて行うことよりも、自然の摂理に従ったほうがずっと確実であり、はるかに信頼できると考えられているのだ。そして、こうした技術観もまた人類の歴史の非常に長い期間を支配していた。

例えば、一五世紀の発明家であるレオナルド・ダ・ヴィンチは、人間に空を飛ぶことを可能にする機械を構想した。その際、彼はまず鳥の羽の構造を観察し、鳥がどのようにして浮力を作り出しているのかを、その羽の形状と運動から分析した。そして、同じ原理によって人間が空を飛ぶために必要な技術的機構を考案したのである。実際に、ダ・ヴィンチの考えた空飛ぶ機械は実現しなかったが、ここには「自然の模倣」という技術観の反映が見られる。すなわち彼は、空を飛ぶ技術を実現するために、まずは自然において空を飛んでいるものを観察し、それを模倣しようとしたのである。

しかしこうした技術観は近代の始まりとともに覆されていく。その変革を起こした代表的な思想家が、一六世紀の哲学者フランシス・ベーコンだ。

技術を「自然の模倣」として捉えるとき、私たちは自然を観察し、そのあとにそれを技術へと落とし込んでいく。まずは自然の観察、次に技術への実装という順番だ。この順番は変わらない。第一に優先されるのは自然を観察することなのである。それは「自然ファースト」な発想である、と表現できるかもしれない。このとき自然の観察はあくまでも技術に先行するものとして位置づけられている。つまり、自然の観察そのものは、あとでそれを技術に使うかどうかとは無関係に行うことができる。自然の観察にとって、その成果を技術に使うか否か、ということは、あくまでも「おまけ」に過ぎない。

ベーコンはこのような発想を根本的に変更した。彼によれば、自然の本質は、人間が自然に対して積極的に働きかけ、その結果を検証することによって、初めて解明される。そうした働きかけこそ「実験」に他ならない。

例えば、近代科学の父と言われるガリレオ・ガリレイは、重たいものほど早く落下するというアリストテレスの自然哲学を反駁《はんばく》するために、レールを使って異なる重さのボールを落とす実験を行った。このとき彼は単に自然を観察することによって知識を得たわけではない。わざわざ重さの違うボールを用意し、わざわざレールを作り、それを自分で動かすことによって、自然法則を解明しようとしたのである。レールも、ボールも、明らかに自然なものではない。誰も踏み入れない森の奥地で人知れずレールの上を重さの異なるボールが転がってなどいない。ガリレオは、そのように自然には存在しない人工的な環境を技術的に構築することで、むしろ自然の本質に迫ろうとしたのである。

ベーコンは、このような実験こそが、人間の知識にとって不可欠の契機であると考えた。実験は、自然を理解するために、自然に対して技術によって働きかけることである。自然をただありのままに観察していても、自然を理解することはできない。それを可能にするのは実験という技術の営みなのだ。この意味において、ベーコンはもはや自然ファーストではなく、「技術ファースト」な考え方をしている、と言えるだろう。

ところで実験は、人間の技術によって行われるものである以上、人間によってコントロールされ、管理されている。そして、そうした実験によってしか自然が解明されない。そうである以上、人間が自然を解明できるのは、自然を技術によって再現し、自らコントロールできるからである、ということになる。

そのように考えるとき、ベーコンの発想はもはやアリストテレス的な「自然の模倣」ではなく、「自然の支配」を可能と見なすものとして捉えられる。自然を人間よりも優れたものとして模倣する態度は、自然を自らの関心に従って操作し、管理しようとする態度へと、転換する。自然は人間を圧倒的に凌駕する存在ではなくなり、人間によって支配され得る対象へと変わってしまうのである。

技術の目的としての幸福

こうした自然観の変化は人間の生き方にどのような変化を与えたのだろうか。

前述の通りアリストテレスは、自然を観察すること、彼の言葉で言えば「観想」が技術に先行すると考えていた。しかしそれは、観想が技術のために求められる、いわば技術を発展させる手段として求められる、ということを意味するわけではない。なぜなら彼にとって、観想はそれ自体で価値のある行為であり、それ以外の何かのために役立てられるものではないからだ。アリストテレスの哲学において、観想とは神の永遠不変の活動に参与することであって、観想に即した生活をすることが自足した幸福な生き方である。それを技術に活《い》かせるかどうかは、観想そのものの価値と何ら関係がない。

　これに対してベーコンは、こうしたアリストテレスの考え方に与しない。自然を観察する人間の認識は、常に間違ったものであり得るのであり、だからこそ技術的な実験装置によって自然を解明するべきだ。それを「精神と宇宙」の「結婚」にたとえるベーコンは、科学と技術の営みが目指すものを次のように表現する。

> 我々は精神と宇宙とが結ばれる部屋をば、婚事に係わる神の善意によって、花を散らし飾り立てたものと認めるのである。頌婚の歌は、人々の窮乏と憐れな状態とをいくぶん阻止しかつ緩和する、人類への援助と諸発見の一族とが、この結婚から生まれることの願いにしたいと思う。[*1]

　すなわち、人間が自然を認識するのは、自然を認識することそれ自体に価値があるからではなく、それによって「人々の窮乏と憐れな状態」を「阻止し緩和する」ためである。

ここには、科学の価値が技術への応用のうちにあり、そして技術の目的が幸福の実現にある、というベーコンの考えが反映されている。

人間が自然を支配するのは、人類に幸福をもたらすためである。こうしたベーコンの思想がその後の思想史に与えた影響は計り知れない。

実験に基づく自然の探究を重視する態度は、一七〜一八世紀に隆盛した啓蒙《けいもう》思想へと結実する。これは、人間が理性の力によって自然に隷属した状態を乗り越え、社会を進歩させることができると考える思想運動である。一八世紀の後半には産業革命が起こり、科学と技術は相互に一層緊密に連動することになる。ヨーロッパ諸国の産業の工業化が推し進められ、人類のエネルギー消費量も飛躍的に増大することになった。

しかしその帰結が、必ずしも幸福だけをもたらすわけではないということを、やがて人類は思い知ることになる。

支配されるものとしての人間

二〇世紀初頭、ライト兄弟は世界初の有人動力飛行に成功する。ダ・ヴィンチが果たせなかった夢を、人類は五〇〇年の歳月を経て達成した。しかし、その際、飛行機に浮力を発生させる機構として採用されたのはプロペラだった。言うまでもなく、自然界にプロペラで飛行する動物は存在しない。すなわちライト兄弟は、自然を模倣するのではなく、自然界には全く存在しない手法を編み出すことで、空を飛ぶことを実現したのだ。それは、あくまでも鳥の羽の構造を観察し続けたダ・ヴィンチの態度と、鋭く対立するものであろう。

飛行機は画期的なイノベーションだった。人類はこれまでには考えられなかった距離を短時間で移動できるようになった。それが人類に多くの幸福をもたらしたことは事実だろう。しかし、飛行機によってもたらされたのは幸福だけではない。二度の世界大戦では数多くの戦闘機が投入され、多くの惨事をもたらした。空爆によって都市が丸ごと破壊され、多くの無差別の虐殺に利用されることになった。

飛行機だけではない。機関銃、戦車、毒ガス、核兵器など、最先端のテクノロジーが戦場に投入され、それによってかつてない規模の被害がもたらされた。

人々を統治する技術にもイノベーションが起きた。二〇世紀に出現した全体主義は、戦争の遂行のために国民の私生活全てを動員し、私権を制限し、個人の利益よりも国家の利益を優先するものだった。国家は、その国の経済活動を全体として管理・調整しなければならなくなると同時に、国民の感情に働きかけ、自ら体制に協力するよう煽動《せんどう》しなければならなくなった。このような体制を作り上げるために、権力の側に属する人間はかつてないほど計算的な理性を働かせなければならなかっただろうし、そのために情報通信技術をはじめとするさまざまな新しいテクノロジーが活用されるようになった。

技術は人類に幸福をもたらすはずだった。技術を発達させればさせるほど、人類は悲惨さを免れるようになるはずだった。しかし、二〇世紀に明らかになったことは、技術がむしろ人類に対して未曽有の破局をもたらすということだった。

なぜそんなことが起きてしまったのだろうか。

第二次大戦後、フランクフルト学派の旗手として台頭した哲学者のテオドール・アドルノとマックス・ホルクハイマーは、その理由を次のように説明した。啓蒙思想において人間は理性の力によって社会を進歩させ、自然への隷属から解放され、幸福を実現できると考えられていた。しかし、実際には啓蒙は人間を社会という「第二の自然」に隷属させることになった。私たちが社会の進歩だと考えているものは、結局のところ、この第二の自然への隷属をさらに深めていく過程に他ならない。私たちは、啓蒙が進めば進むほど、社会が進歩すればするほど、そこから逃れることができなくなり、それがもたらす悲惨さに深くはまり込んでいく。その帰結として立ち現れたのが、二度の世界大戦における破局なのだ。

　人間が「第二の自然」に隷属するということは、人間自身が人間の力によって支配される、ということである。「啓蒙が事物に対する態度は、独裁者が人間に対するのと変るところはない。独裁者が人間を識《し》るのは、彼が人間を操作することができるかぎりである」[*2]。例えば全体主義において、人間を理解するということは、人間を操作可能にするということと同義だった。どんな風に働きかけたら人間が権力に服従し、自発的に加担するかを知ることが、人間を知ることを意味していた。これは、実験という技術的な働きかけによって自然を解明しようとする態度と、通底しているのである。

　こうして、「自然の模倣」から「自然の支配」へと変化した人間の技術は、現代に至って、「人間の支配」とでも呼ばれるべき事態を明らかにした。もちろん、人間がどれほどテクノロジーによって自縄自縛に陥り、大きな過ちを犯し続けるのだとしても、自然の自己修復能力がそれを帳消しにしてくれるのなら、未来世代には何も影響しない。しかし、そうした期待は夢物語に過ぎない、ということが、近年明らかになりつつある。

「人新世《ひとしんせい》」の時代へ

化学者のパウル・クルッツェンは、地質学における新しい年代を指す概念として、「人新世」という概念を提唱した。この概念はテクノロジーと人間の関係を考えるための重要なキーワードとして大きな注目を集め、各所で議論を巻き起こしている。

これまで、現在が属しているのは約一万年前から続く「新生代第四紀完新世」であると考えられてきた。約一万年前と言えば、長い氷河期が終わりを告げ、現在に至る地理的条件が形作られた時期だ。日本では広葉樹の森林が誕生し、秋になると一面にドングリが落ちるようになった頃にあたる。このドングリを料理するために、人々は土器を作り出し、やがて縄文文化が形成されることになる。私たち現代人もそうした縄文人たちと同じ地質学的年代に生きている、と見なされているのである。

これに対して「人新世」という概念は、現代人が生きている時代を、その地球環境の条件において、新生代第四紀完新世から区別しようとするものだ。両者を断絶させているのは、人間の産業に由来する物質が、地球環境の一端を形成しつつあるという事態である。

例えば、プラスチック、コンクリート、ガラスなどは、自然に生分解することがなく、地層にそのままの姿で堆積されていく。それらは砂や岩と同じように、人工物が地層を構成するようになり始めている。こうしたことは縄文時代には全く起こり得なかったのだ。

このような事態はいつから始まったのだろうか。人新世をめぐる議論では、一般的にその分水嶺《ぶんすいれい》は産業革命の時期に引かれている。この頃、人類のテクノロジーは急速に発展し、大量の人工物が生産され、また大量に廃棄されるようになった。その過程で大量のエネルギーを消費し、大量の資源を開発することが必要になった。おびただしい数の人工物がこの世界に撒き散らされることになった。そのような活動が地球環境のあり方そのものを変えてしまったのである。

人新世の科学的な妥当性をめぐる議論にはまだ決着がついていない。とはいえ、そこには「自然の支配」という技術観の一つの帰結が示されている。前述のように、近代以前の自然観において、自然は人間を凌駕する圧倒的な力を持ち、人知を超えた自己修復能力を持っていると考えられていた。しかし、人新世において、人間は自然が生分解することのできない人工物を作り出し、しかもそれが地球環境そのものを更新している。それは、自然が人間の活動による影響を修復できなくなっているということ、つまり人間の産業活動が自然の自己修復能力を超えてしまっている、ということを意味する。そうである以上、自然はもはや人間を凌駕する圧倒的な存在などではない。むしろ人間の活動によって傷つけられ得る、有限で、ある意味で脆弱《ぜいじゃく》なものとして捉えられなければならない。

人新世において、現在世代が自然に対して与えた影響は、自然によって修復されず、未来世代にまで継承される。したがって現在世代が自然を傷つければ、それは、その自然とともに生きることになる未来世代を間接的に脅かすことを意味する。このようにして現在世代による未来世代への脅威という事態が成立するのだ。

未来世代への負担

経済思想家の斎藤幸平は、主としてマルクスを参照しながら、人新世における資本主義社会が未来世代の犠牲の上に成り立っている、と指摘する。

マルクスは、資本主義が抱える根本的な矛盾を指摘し、資本家による労働者の搾取を批判したことで知られている。しかし、斎藤によれば、資本主義において搾取されるのは労働者だけではなく、地球環境そのものでもある。「人間を資本蓄積のための道具として扱う資本主義は、自然もまた単なる掠奪《りゃくだつ》の対象とみなす」[*3]。人新世という概念の出現はそうした「掠奪」の一つの帰結に他ならない。

では、そうした自然の搾取はどのように引き起こされるのだろうか。資本主義の大きな特徴は、それが「自らの矛盾を別のところへ転嫁し、不可視化する」ものでありながら、「その転嫁によって、さらに矛盾が深まっていく泥沼化の惨状が必然的に起きる」ということである[*4]。こうした「転嫁」には、矛盾を別の手段によって置き換える技術的転嫁、矛盾を別の場所に置き換える空間的転嫁があるが、もう一つの別の転嫁のあり方として語られるのが、矛盾を別の時代に置き換える時間的転嫁だ。斎藤は、気候変動を例に取りながら、次のように述べる。

化石燃料の大量消費が気候変動を引き起こしているのは間違いない。とはいえ、その影響のすべてが即時に現れるわけではない。ここには、しばしば何十年にも及ぶ、タイムラグが存在するのだ。そして資本はこのタイムラグを利用して、すでに投下した採掘機やパイプラインからできるだけ多くの収益を上げようとするのである。

こうして、資本主義は現在の株主や経営者の意見を反映させるが、今はまだ存在しない将来の世代の声を無視することで、負担を未来へと転嫁し、外部性を作り出す。将来を犠牲にすることで、現在の世代は繁栄できる。

だが、その代償として、将来世代は自らが排出していない二酸化炭素の影響に苦しむことになる。こうした資本家の態度をマルクスは、「大洪水よ、我が亡き後に来たれ！」と皮肉ったのだ。*5

温室効果ガスを大量に排出しながら産業活動を続けることは、私たちが生きる地球ではそもそも不可能である。それは最初から成り立たない営みである。なぜなら地球は、少なくとも人間が生きていける環境としては、そうした活動を受け入れることができないからだ。つまりここには、地球で活動をしたい人間と、人間の活動を受け入れられない地球との間で、矛盾が生じている。矛盾がある以上、本来なら、人間は温室効果ガスを排出する活動をやめるべきである。そうであるにもかかわらず、現在においてそれが成り立っているかのように見えるのは、現在世代が「負担を未来へと転嫁」し、自分が作り出している矛盾の「ツケ」を、未来世代に押しつけているからである。

斎藤はこうした態度を、マルクスの言葉を引用しながら、「大洪水よ、我が亡き後に来たれ！」と表現する。今日において、この言葉はもはや単なる比喩ではない。なぜなら、気候変動が海面上昇を引き起こし、それによって津波をはじめとする自然災害の激甚化をもたらすことは、すでに指摘されていることであるからだ。斎藤は次のようにも述べている。

環境悪化の速度に新技術がおいつかなければ、もはや人類になす術《すべ》はなく、未来の世代はお手上げだ。当然、経済活動にも負の影響が出る。つまり、将来世代は、極めて過酷な環境で生きることを余儀なくされるだけでなく、経済的にも苦しい状況に陥る。[*6]

もちろん、斎藤の主張に従うなら、資本主義が引き起こす矛盾の時間的転嫁は、気候変動だけに留まらない。放射性廃棄物、ゲノム編集、さらにその他のさまざまなテクノロジーも、未来世代に負担を強いることで、現在世代に繁栄をもたらすものであり得る。

斎藤は、以上のような資本主義への批判に根ざしながら、未来世代を配慮するために、一人ひとりが行動を変容していくべきだと主張する。しかしそこには欠けている議論があるようにも思える。それは、確かに現在世代が未来世代を脅かしているのだとして、なぜ、現在世代が未来世代を配慮しなければならないのか、なぜ未来世代のために自分の利益を手放さなければならないのか、ということだ。

　未来世代が脅かされている、と訴えるだけでは、その理由の説明にはならない。それは事実の指摘であって、規範の基礎づけではない。この世界にはあくまでも現在世代の利益を優先し、未来のことなど知ったことではないと考える人々も存在する。そうした人々に対して、それでも何らかの行動を促すためには、たとえ自分の利益にならないのだとしても、私たちが未来世代を配慮するべきだ、と言えるような、何らかの倫理的な指針が必要になるはずだ。だからこそ、未来倫理が必要なのである。

なぜ未来倫理が求められているのか

　これまで、自然と人間の関係に注目しながら、なぜ今日において、現在世代が未来世代を脅かす状況が生じているのかを考察してきた。

　人間がテクノロジーを介して自然に対して与える影響は、自然の自己修復能力を超えている。人間が自然に与えた影響は、自然によって回復されることなく、未来世代へと引き継がれる。これらは産業革命以降において顕在化してきた事態である。だからこそ、未来世代への責任は現代に特有の課題なのである。

このように考えていくと、未来倫理によって解決されるべき問題が、単に偶発的に発生したトラブルに過ぎないものではなく、人類の自然観や技術観をめぐる壮大な歴史の帰結である、ということが分かる。だからこそ個別の課題を対症療法的に解決していくだけでは不十分なのだ。そうした課題の背景には、人間が自然の自己修復能力を超えたテクノロジーを有している、という根本的な問題がある。そうした事態が、例えば数年後に急に変わることなどあり得ないだろう。

第四章で取り上げるように、本書では、気候変動、放射性廃棄物、ゲノム編集に注目するが、未来世代に対して脅威となり得るテクノロジーは、当然これらだけに限らない。現在において、未来に悪影響をもたらす他の課題も存在するし、また、これから世の中に登場する新しいテクノロジーによって、新しい未来世代への脅威が明らかになるかもしれない。

そうしたさまざまな課題に対して、首尾一貫した解決策を講じていくためには、なぜ現在世代が未来世代を配慮しなければならないのか、という問いに回答を与え得る、妥当な倫理的指針が必要になる。それこそが、未来倫理が求められる理由なのだ。

それでは、そうした倫理的指針にはどのようなものがあるのだろうか。次章では、実際に未来倫理の理論を紹介していこう。

第三章　未来倫理にはどんな理論があるのか？

前章では、なぜ現代社会が未来倫理を必要としているのかを述べた。続く本章では、未来倫理にはどんな理論があるのかを概観する。

本章で紹介する理論は六つある。契約説、功利主義、責任原理、討議倫理、共同体主義、ケアの倫理である。これらは、いずれも未来倫理だけに特化した理論ではなく、より一般的な倫理学の原理を説明する理論である。

これらの理論は、互いに一定の相関関係があるとはいえ、基本的には相互に独立したものである。そのため、ただ六つを並べただけでは、全く違うことを説明するバラバラな理論が寄せ集められているだけのように見えるかもしれない。読者をそのように困惑させることを避けるために、本章では、未来倫理によって説明されるべき特有の状況として、次のような事例を共通の思考実験として用いよう。

【事例：環境保護政策を実施するべきか】

ある国で環境保護のための政策が検討されているとする。その政策は天然資源の利用に一定の制限を課すものだ。その政策を実施しなければ、人々は何の配慮もせずに使いたいだけ資源を使ってしまう。その結果、次の一〇〇年間で全ての天然資源が枯渇し、その後の世代は極めて限られた選択肢のもとで生活しなければならなくなる。それによって、極度の貧困が蔓延《まんえん》し、治安が悪化し、社会秩序が混乱に陥ることが予想される。一方、政策を実施すれば、現在世代は自らの暮らしをある程度は制限しなければならなくなるが、その代わりに、資源の利用は持続可能になり、未来世代も現在世代と同様の暮らしをすることができる。さてこのとき、現在世代はこの政策を実施するべきだろうか。

この政策を実施しても、現在世代には何もメリットがないように思える。一〇〇年後には現在世代は明らかに死んでいるからである。それに対して、この政策の実施を義務づけるためには、その正当性を説明する論理が必要になる。では、その論理とはどのようなものだろうか。

結論から言えば、これから紹介する六つの理論は、全て環境保護政策の実施を正当化する。しかしその理由は全く異なったものになる。そしてそうした違いにこそ、その理論が何を大切にするのか、どんな価値を尊重するのか、というそれぞれに固有の視点が表れてくるに違いない。

また、最後にそれぞれの理論がどのような特徴を持っているのかを、簡単にマッピングしてみよう。もっとも、それぞれの理論はいずれも難解であり、それだけで何冊も本が書けてしまうようなものなので、マッピングは簡略化や単純化を避けられない。それでも、読者が未来倫理の全体像を概観するには、いくらか有用なはずである。

なお本章は、この本の中でもっとも分量が多く、また理論を扱うためにもっとも抽象度が高い。そのため、読者の中には、読み進めることに苦労する方もいるかもしれない。そこで、道案内のために、それぞれの理論の冒頭にポイントをまとめておいた。もしも難し過ぎると感じるのであれば、このポイントだけを抑えれば、その後の議論にも問題なくフォローできるだろう。

契約説

ポイント

- 公正な社会制度の基礎づけから、未来世代への責任を説明する
- 未来世代への責任は、現在世代の子孫への配慮として、説明される
- なるべく多くの資源を残すことが、具体的な責任の内容である

倫理とは「〇〇するべきだ」という規範の体系である。ではその妥当性はどのように説明されるのだろうか。第一章で述べた通り、それが倫理学のテーマである。この問いに対して、二〇世紀の――「最大の」と言っていいだろう――政治哲学者であるジョン・ロールズは、次のような答えを示した。すなわち、その規範に全ての人間が同意できるとき、その規範は妥当である、ということだ。たとえ自分の利益が制限されるのだとしても、人々がその規範に従うことを「契約」できるなら、その規範は「正しい」、つまり正義にかなっているのである。

こうした考え方は一般的に「契約説」と呼ばれる。ロールズは、こうした契約説的な発想を応用することで、未来世代への責任を基礎づけようとする。

(二) 話し合いの場をどう考えるか

単純化するなら、契約説の考え方は「みんなで話し合い、みんなが納得できることが正しい」というものだ。問題なのはこの話し合いの場をどう設定するかということである。なぜなら人々の価値観は多様であり、そこにはさまざまな利害の衝突があるからだ。

例えば、裕福な家庭に生まれた人と、貧しい家庭に生まれた人が話し合ったとしても、意見はなかなか一致しないだろう。両者の間では利害関心が異なるからである。だからといって多数決で決めるというのも乱暴である。そうなってしまったら、多数派に有利な規範や政策だけが正しいことになり、少数派が置かれている状況はより不利になっていくからだ。それは明らかに不正義である。

では、どうしたらいいのか。ロールズはこの問題を解決するためのアイデアとして、「原初状態」という架空の話し合いの状況について考えることを提案する。*1

原初状態とは、話し合いに参加する全ての人々が、自分がどんな属性の人間なのかを認識できなくなってしまっている状況である。つまり、実際には裕福な人も、その状況においては、自分が裕福であることを分からなくなってしまっている、ということだ。ロールズは、このように原初状態において自分の属性が認識不可能になることを、「無知のヴェール」がかけられている状態、とも表現している。

原初状態において人々はどのように話し合うのだろうか。普通の話し合いであれば、裕福な人は、裕福な自分に有利な政策を選択するだろう。しかし原初状態においては、その人は自分が裕福なのか貧乏なのかが分からない。もしも万が一、自分が貧乏だったら、裕福な人を利する政策に同意すると、自分が不利を被ることになる。場合によっては、極度の貧困に陥り、人間らしい生活ができなくなるかもしれない。それに対して、貧乏な人に利する政策に同意した場合、自分が実際には裕福であったとしても、特段のマイナスはない。もちろん、もしも実際には裕福なのだとしたら、裕福な人に利する政策に同意した場合よりも、貧乏な人に利する政策に同意したほうが、損失はあるかもしれない。しかしそれによって人間らしい生活ができなくなるなどということはないだろう。

このように考えるなら、原初状態においては、人々が自分の利益だけを考えて話し合ったとしても、社会においてもっとも恵まれない人々を救済する政策に同意するはずである。そして、そうした政策こそが正義にかなっている、とロールズは考えるのだ。ここで人々が思考しているのは、自分の立場を相対化し、普遍的に望ましいと思われる規範の探究に他ならない。

以上のような原初状態の思考実験に基づいて、ロールズは、裕福な人々から税金を徴収し、それらを再分配することで、思想信条の自由の擁護、教育や職業獲得の機会均等を実現するべきである、と主張する。なぜなら、原初状態においては、裕福な人々でさえもそうした社会を望むに違いないからである。

では、こうした理論をどのように未来倫理に応用できるのだろうか。

環境保護政策の例に当てはめてみよう。人々は無知のヴェールを被り、原初状態の中で天然資源を保護する政策について話し合う。しかし、恐らくそこで人々はこの政策に決して同意しないだろう。なぜなら、裕福な人にとっても、貧しい人にとっても、両者が現在世代である限りは、自分が生きている間を豊かに過ごせるほうが望ましいからであり、未来世代のために天然資源を貯蓄することに何のメリットもないからだ。つまり、このままでは、未来世代への責任を説明することができないのである。

(二) 子孫への配慮

ロールズはこの問題をよく理解していた。そしてそれを解決するために、原初状態に対して次のような修正を加えている。

第一に、当事者たちは各家系を〔つまり少なくともより身近な子孫を大事に思う（care about）集団を〕代表していること。第二に、採択される原理は先行する全世代が従ってきたと彼らが望むようなものでなければならないこと（第22節）。これら二つの制約と無知のヴェールとが合わさることで、任意のひとつの世代がすべての世代を気遣う（look out for）ことを確保する。*2

第一の修正で述べられていることは、原初状態に置かれた人々が特定の「家系」に帰属しており、その家系に属する「子孫」を大事に思っている、ということである。ただしこのことは、それがどの家系なのか、また自分の子孫が誰であるのかを、人々が知っているということを意味するわけではない。無知のヴェールがかけられている以上、そうした情報は遮断されている。しかし、それが誰であるかは分からないが、とにかく人間であれば誰でも自分の家系や子孫を大切に思うだろう、だからこの条件を原初状態に組み込んでもよいだろう、とロールズは考えるのである。*3

第二の修正で述べられていることは、現在において選択される規範が、過去全ての世代で同じように選択されることを望むことができる、ということを意味する。

そもそも、自分がどの時代に生まれてくるか、ということを、生まれてくる人間は選択することができない。したがって、自分が生まれた時代によって不利を被ることは、そもそも不公平である。しかし、原初状態においては、人間には別の世代に属する者として思考することができない。これを補うために、現在の自分にとって望ましいと思える規範に、現在に至るまでの全ての過去の世代が同じように従っていたとしても、それでも望ましいと思えるか否かを検討する必要がある。そうロールズは考えたのだ。

この二つの修正によって先ほどの思考実験はどのように変わるのだろうか。

現在世代は、第一の修正に従って、自分自身だけではなく、自分の子孫にとって何が望ましいかを含めて検討するようになる。すると、資源の枯渇は自分の子孫の生活を著しく制限することになり、そしてそれは現在世代の自分にとっても望ましくないため、政策の実施を望むだろう。また、第二の修正に従って、現在に至るまでの全ての世代が、その政策に従っていたか否かを検討する。すると、過去の全ての世代がその政策に従ってくれていたら、現在世代が利用できる資源は、現在よりもさらに豊かなものになるに違いない。そのように考えるなら、人々はやはり政策に同意するだろう。そのようにして未来世代への配慮が正義として認められるのである。

ロールズは、以上のようにして導き出される、未来世代のために現在の富を「貯蓄」するための原理を、「貯蓄原理」と呼んでいる。[*4] これが、契約説的な未来倫理の基本的な考え方だ。

この理論の最大の特徴は、未来世代への責任を、公正な社会制度のうちに位置づけることができる、ということである。私たちは、現在において公正な社会を実現するためにこそ、未来世代を配慮しなければならない。こうしたロールズの発想は、「未来世代の問題はあとでゆっくり議論すればよいから、いまは先送りしても構わない」という、無責任な態度を許さない。同時に、それが未来世代への配慮を現在世代における正義と一体のものとして考えるからこそ、契約説的な未来倫理は、私たちがどの程度まで未来世代を配慮するべきかという条件を設定することができる。

例えば、現在において、天然資源を使用しさえすれば貧困から脱却できる人々がいるとして、未来世代のために天然資源の使用を一律で禁止し、それによってそうした人々が貧困から脱却するチャンスそのものを奪うことは、正義に反しているだろう。したがって、未来世代のために貯蓄をしなければならないのだとしても、それが現在世代における不正義の是正を妨げるものであってはならないし、まして、未来世代への貯蓄を優先して現在世代に不正義を引き起こすことなどは許容され得ない。

第四章で述べるように、特に気候変動の問題は、未来世代への責任という通時的な問題と、同時代の国際社会における格差という共時的な問題が複雑に絡まり合っている。こうした問題への解決策には、ある種のバランスの取れた調整が必要になる。そのような調整を図るために、契約説は有力な手がかりになるだろう。

功利主義

ポイント

- 世界がもっとも幸福になれるように配慮するべきである
- 幸福であるよう配慮されるべき者に、未来世代も含まれる
- 「非同一性問題」という難問を回避できる

功利主義は契約説と鋭く対立する考え方である。そこでは、全ての人々が同意できるか否かということではなく、全体にとっていかに多くの幸福をもたらすことができるのか、ということが重視される。こうした態度は、功利主義の創始者であるジェレミー・ベンサムによって、「最大多数の最大幸福」という言葉でも表現されている。その際に私たちが配慮するべき幸福には、現在世代の幸福だけではなく、未来世代の幸福も含まれる。功利主義的な未来倫理は、このような視点から未来世代への責任を説明することになる。

（一）非同一性問題

功利主義の大きな特徴は、幸福を量的に捉えることを可能にする、という点にある。そして、一人の人間の幸福量は、あくまでも一人分でしかないのであって、この点で全ての人間は対等に扱われる。

例えば、美味《お》しいものを食べることの幸福が一ポイントだとしたら、それは権力者にとっても庶民にとっても同じ一ポイントである。権力者が偉いからといって、権力者だけ一〇ポイントになる、などということはない。この意味において功利主義は不偏不党であることを重視する、と言える。そうである以上、現在世代の幸福だけが高く評価され、未来世代の幸福が過小評価されるなら、それはおかしな話だろう。私たちは、未来世代も含めて全体の幸福が最大化するように行為するべきであり、そのために、未来世代の幸福を同じように配慮するべきなのだ。[*5]

このような功利主義の立場から独自の未来倫理を構想した哲学者に、デレク・パーフィットがいる。彼はまず、功利主義の立場を取らなかった場合、未来世代への責任は困難な問題に直面し、うまく説明できなくなってしまう、と述べる。なぜだろうか。

環境保護政策の例を使って考えてみよう。もし私たちが政策を実施しなければ、一〇〇年後に生まれてくる世代は貧困に陥る。それに対して、政策を実施すれば、一〇〇年後に生まれてくる世代は現在世代と同じ程度の生活を享受できる。このとき私たちが、政策を実施したほうが、一〇〇年後の世代にとって望ましいだろう、だから政策を実施するべきだろう、と考えたとする。実際、私たちは多くの場合そう考えているに違いない。[*6]

けれども、パーフィットによれば、このような考え方は成り立たない。一〇〇年後の世代にとって、ある未来が別の未来に比べて望ましい、と言えるためには、二つの未来を比較することができなければならない。そのためには、配慮の対象となる未来世代が、その同一性を保ちながら、両方の未来に存在し得ると考えられなければならない。

しかし、この考え方は成り立たない、とパーフィットは指摘する。なぜなら、政策が違えば、その後の未来に生まれてくる人間も異なることになるからだ。

例えば、政策が実施されなかった世界について、こんな風に考えてみよう。天然資源を潤沢に利用できる環境を利用して、新しいガソリンスタンド会社を起業しようとした青年がいるとする。この青年の会社は成功した。そしてある日、そのガソリンスタンドをたまたま利用した顧客の女性と親しくなり、交際し、結婚することになった。二人の間には子どもが生まれた。その子どもはすくすくと成長し、大学へ進学し、青年が起業したガソリンスタンド会社を継いで、三〇代前半で結婚して、子どもを儲《もう》けた。その子どももまたすくすくと育ち、結婚して子どもを儲けた。こうしてかつての青年にはひ孫ができたが、時を同じくして、この青年は老衰によって死去した。しかし、このひ孫が大人になる頃、資源は急速に枯渇し始める。ガソリンスタンド会社は巨額の負債を抱えたまま倒産し、一家は極度の貧困に陥ることになった。

さて、いまは亡き青年の子孫たちにとって、天然資源を保護する政策が実施された世界は、その政策が実施されなかった現実の世界よりも、望ましかったと言えるだろうか。パーフィットの考えに従うなら、それは言えない。なぜならその子孫たちは、もしも政策が実施されていなかったら、そもそもこの世界に存在しなかっただろうからである。その世界において、父となるはずだった青年はガソリンスタンド会社を起業しないだろうし、そうである以上、母となるはずだった女性とも知り合うことができなくなる。したがって、その子孫にとって政策が実施された未来とされなかった未来のどちらが望ましいのかは、そもそも比較できないのである。

現在世代が未来に影響を与える行為をした場合としなかった場合とで、その後に生まれてくる未来世代は、同一性を保てない。パーフィットはこれを「非同一性問題」と呼ぶ[*7]。前述のような発想は、この非同一性問題を解決できないために、未来倫理をうまく説明できないのだ。

(二)「いとわしい結論」

では、同じ問題を功利主義の観点から説明しようとすると、どうなるだろうか。

功利主義の立場に従うなら、未来世代が誰であるかはそもそも問題ではない。評価されるのは、政策が実施された未来と、されなかった未来とで、どちらのほうがより多くの幸福が世界にもたらされるのか、ということだからだ。例えば環境保護政策の例に即して考えるなら、政策が実施された未来と、実施されなかった未来とで、生まれてくる未来世代の数が同じであるならば、それぞれの世界に生きる人々の個々の幸福を比較して、より幸福の総量の大きいほうを採用するべきである、ということになる。*8

話を分かりやすくするために、この国の一〇〇年間の人口が一億人だとしよう。政策を実施した場合の未来世代の幸福度は、一人あたり一律に八点、実施しなかった場合には、一律に五点だとする。前者を未来A、後者を未来Bと呼ぼう。それぞれの幸福量は次のように計算できる。

未来A：人口一億×幸福度八＝総幸福量八億
未来B：人口一億×幸福度五＝総幸福量五億

この場合、Aの総幸福量は八億点、Bのそれは五億点となる。そして、より数の大きい前者のほうが、倫理的に望ましい未来である。したがって未来Aを実現すること、つまり環境保護政策を実施することが正しい、ということになる。

このとき、未来Aの人々と、未来Bの人々は、同一ではない。それでも未来Aの優位性は決して揺るがない。このように考えれば、非同一性問題を回避し、未来世代にとって望ましい行為を考えることが可能になるのだ。

ただし、パーフィットは同時に、この説明が直面せざるを得ない別の問題を指摘している。前述の総幸福量の比較は、比較される複数の未来において、未来世代の人口が同数であることを前提にしていた。実は、この前提を取り払ってしまうと、かえって奇妙な結論に行きついてしまうのである。

例えば、環境保護政策について議論していた先ほどの国で、極めて無謀で無計画な人口増加政策が新たに検討されたとしよう。その国の王は、もっと税金が欲しいと思い、税金を取るためには国民の数を増やせばいい、と考えた。王はその政策によって人口を一〇倍にできると考えた。しかし、その国には急激な人口増加に対応できるほどインフラが整っておらず、もしそんな政策を実施したら、国内の経済は破綻し、慢性的な貧困に陥ることが明らかであるとする。行政は機能しなくなり、治安は悪化し、人々は極めて悲惨な生活を送ることになる。

この場合、未来世代への責任を考えるなら、そんな政策は実施しないほうがよいと思える。しかし、幸福度をポイント化して考えると、答えはそうはならない。例えば、人口増加政策が行われた未来において、一〇〇年間の人口が一〇億人で、一人ひとりの幸福度は一律に一点だとする。これを未来Cと呼ぼう。未来Cは、AやBと比較して、より悪い未来であるように思える。しかし、功利主義の考え方に従って比較すれば次のようになる。

未来A：人口一億×幸福度八＝総幸福量八億
未来B：人口一億×幸福度五＝総幸福量五億
未来C：人口一〇億×幸福度一＝総幸福量一〇億

一見して明らかなように、総幸福量だけに注目するなら、未来Cの数値がもっとも大きい。したがって、功利主義の原則に従うなら、未来Cこそがもっとも望ましい未来である、ということになってしまう。

ここに功利主義的な未来倫理が直面する難問がある。すなわち、単に未来世代の幸福の最大化だけを基準として考える限り、どんなに悲惨な人生を送るのだとしても、とにかく見境なく人口を増やすことが、もっとも倫理的に望ましい選択であるということになってしまうのである。その未来において、どんなに貧困や、犯罪や、戦争が蔓延するのだとしても、である。

パーフィットはこれを「いとわしい結論」と呼ぶ。当然、このような考え方を許容することはできない。問題なのは、未来に影響を与える現在の行為が、未来世代の人数にも影響を与えるとき、私たちの直観になじむような形で、複数の未来を倫理的に評価するためには、どのように考えることが必要なのか、ということだ[*9]。

先行研究において、この問題に対してさまざまな議論が交わされてきたが、本書でその詳細に入り込むことは差し控えよう。ここでは、こうした問題が功利主義的な未来倫理にはつきまとう、と指摘するのみに留めておきたい。それでもこのような難問を抱え込むのだとしても、功利主義的な未来倫理がその明瞭さにおいて魅力的であり、また応用可能性の高い理論であることは、疑う余地がないだろう。

責任原理

ポイント

- 人類は存続するべきであり、そのために未来世代への配慮が必要である
- 未来世代が幸福であることよりも、自由であることがより重要である
- 責任の原型は親による乳飲み子への責任である

ドイツ出身の哲学者ハンス・ヨナスは、契約説とも功利主義とも異なる原理によって、未来倫理を基礎づけようとした。彼が注目したのは「責任」という概念である。主著『責任という原理』において、ヨナスは科学技術文明の危険性を指摘し、未来世代への責任を訴えた。ヨナスの考える責任とは、哲学の歴史において長く忘れられてきた、弱いもの、傷つきやすいものへの配慮に他ならない。そうした弱いものへの責任が、正義や幸福よりも根源的である、と彼は考えるのである。

（一）他者への責任

そもそも責任とは何だろうか。ヨナスはそれを次のように定義している。

> 責任とは、義務として承認された、他者の存在への気遣いであり、それはその他者の傷つきやすさの脅威に際しては「憂慮」になる。[*10]

ヨナスはさらりと書いているが、ここには重要なポイントが三つ含まれている。

第一に、責任は「他者」へと向かうものである。つまり、日本語で言う「自己責任」のようなことは、ヨナスの考える責任概念の中に含まれない。

第二に、責任は他者の「存在」への配慮である。存在とは、言い換えるなら、生きているということだ。これが意味しているのは、他者が何を望んでいるのだとしても、他者が生きていることは、他者が生きていないことよりもよい、ということである。そしてそれは、たとえ他者にとって生きることが幸福ではなかったとしても、あるいは他者が死ぬことを望んでいるのだとしても、変わらない。この点で、ヨナスの責任概念は契約説や功利主義とは根本的に発想が異なっている。

第三に、このような責任を先鋭化させるのは、他者の「傷つきやすさ」である。他者の身に危機が迫り、それに対して他者には何も対処することができず、それに対処できるのが「私」だけであるような、「私」に依存している他者が、「私」に対して責任を喚起する。

ヨナスは、このような責任の典型的な例として、乳飲み子への責任を挙げている。「私」の目の前に乳飲み子がいて、その子どもが泣き叫んでおり、その子どもを保護することができるのが「私」だけであるとき、「私」にはこの子どもを配慮する責任が生じる。ただしこの責任は、この子どもから「自分を保護して欲しい」と言われて、それに同意することによって成立するわけではない。なぜなら、乳飲み子には言葉を話す能力がないからだ。もしも倫理の根拠を同意に置いていたら、私たちには乳飲み子を保護する責任が説明できなくなるだろう。

ただし、このことは、「私」が乳飲み子の考えていることを理解できる、ということを意味するわけではない。乳飲み子は、もしかしたら、「私」になんか助けて欲しいと思っていないかもしれないし、死んでしまいたいと思っているかもしれない。しかし、そうした乳飲み子の意思は、乳飲み子を保護する責任を否定するものではない。責任が配慮するべきなのは、他者の意思や幸福ではなく、その存在だからである。

このように考えるとき、「他者」という言葉は、単に「私」とは別の人間というだけではなく、「私」と意思疎通できない者、何を思っているのか、何を幸福とするのかが「私」には理解できないような者を指すことになる。例えば乳飲み子はそうした他者の一つであるが、「私」とは異なる文化的な背景を持った者、「私」とは異なる共同体に属する者も、そうした他者に含まれるだろう。それどころか、「私」とは別の種の生物、動物もまた他者に数え入れられるはずだ。この意味でヨナスの責任概念は、他者の他者性を尊重し、排他的な自分化中心主義を戒めるものである、と考えることができる。

(二) 責任能力の存続

乳飲み子への責任をモデルとするヨナスの理論は、そもそも未来志向である。とはいえ、乳飲み子への責任から直接的に未来世代への責任が説明できるわけではない。なぜなら、未来世代は現在においてはまだ存在しない者であり、そうした未来世代の傷つきやすさを現在世代が実際に目の当たりにすることはないからだ。これに対してヨナスは、次のように発想を展開することで、未来世代への責任を基礎づける。

　まず、他者に対して責任を負うということは、「私」が責任能力を持つことを前提にしている。責任能力がなければ責任を負うことはできない。このときヨナスは、他者への責任には、そのように他者に責任を負う能力自体も保護する、という責任が伴っていると考える。つまり責任とは、他者を気遣うことであると同時に、そのように他者を気遣うことができる自分自身を気遣うことでもある、ということである。

　乳飲み子への責任を例に考えてみよう。乳飲み子に責任を負うということは、その子の存在を気遣うということである。しかし、その子の世話に没頭するあまり、自分自身の存在を疎《おろそ》かにしてしまい、病気になってしまったり、それによって働けなくなったりしてしまったら、本末転倒である。自分のことを管理できなくなってしまったら、乳飲み子を世話することもできなくなってしまうからだ。したがって、乳飲み子を世話するとき、親は自分の生活も配慮するべきであり、それができないなら誰かを頼るべきであるし、周囲はそうした親を助けるべきである。

　ただし、その子どもを配慮するのが「私」だけである必要はない。例えば、「私」にはどうしても子どもの世話ができなくなったとしても、「私」以外にその子どもを世話してくれる人がいるならば、「私」は自分の責任をその他者に委託することができる。仮に、「私」が深刻な難病にかかり、余命が一年になってしまったら、「私」は自分の子どもを「私」以外の責任能力を持つ者に委ねるべきだろう。このように、他者への責任は、「私」が責任能力を持つということに加えて、「私」以外にも、この世界に責任能力を持つ者が存在し続けることを前提にするのだ。[*11]

ヨナスはここから未来世代への責任を導き出す。すなわち、目の前の乳飲み子に責任を負うとき、それは同時に、この世界に責任能力を持つ者が存在し続ける、ということへの責任を前提にしているのである。

このことを前述の環境保護政策の例に当てはめてみよう。ヨナスの発想に従うなら、未来世代に資源が乏しくなることは、それ自体では大きな問題ではない。しかし、それによって治安が悪化し、社会秩序が混乱するということは、看過できない事態である。なぜなら、そのように暴力が横行する世界においては、傷ついた他者を配慮するという責任能力が人類から失われる可能性があるからだ。

ここで注意するべきことは、資源を利用できないことによって未来世代は不便を被ることが、問題の本質ではないということである。確かに、それは未来世代が望むことではないかもしれないし、未来世代にとって不幸なことかもしれない。しかし、それよりも重要なのは、その世界に生きる人間が他者に責任を負うことができるのか、そうしたことが可能な世界なのか、ということだ。

　ヨナスの考えに従うなら、未来世代は、あくまでも責任能力を持つ者として存在することを求められていることになる。たとえ人類が存続するのだとしても、その人類が責任能力を喪失しているのであれば、意味がない。ヨナス自身がよく挙げる例で言うなら、オルダス・ハクスリーのＳＦ小説『すばらしい新世界』で描かれるような、薬物によって人々を支配する統治機構は、そこにおいてどれだけ治安が守られているのだとしても、許容され得ない。なぜならそこでは人間は責任能力を喪失してしまうからである。

　こうしたヨナスの未来倫理の出発点は、あくまでも乳飲み子への責任である。そこには、自立した大人同士の対等な関係を前提とする、それまでの倫理学に対する強烈なアンチテーゼが込められている。そうした責任概念に定位するからこそ、彼の未来倫理は、未来世代が何を望み、何を幸福だと見なすか、ということが分からなかったとしても、未来世代への責任を説明できるという強みを持っている。

討議倫理

ポイント

- 人類は存続するべきであり、そのために未来世代への配慮が必要である
- 人類が存続するべきなのは、民主主義が無限に進歩するべきだから
- 討議倫理に反論しようとすると、反論者は自己矛盾に陥る

第二次大戦後のドイツ哲学を代表する思想の一つに、討議倫理と呼ばれるものがある。その標榜《ひょうぼう》者の一人であるカール・オットー・アーペルは、普遍的な妥当性を持つ規範の探究を目指し、ここから未来倫理を基礎づけようとした。普遍的な妥当性とは、言い換えるなら、全ての人々が従うべきである、と考えられるような規範の根拠である。多様な価値観の衝突を回避するためには、そうした妥当性を持つ規範がどうしても必要になる。アーペルは、こうした規範の探究から導き出される一つの帰結として、未来世代への責任を

基礎づける。そしてその理論は、驚くべきことに、普通に考えれば成り立たないように思われる民主主義と未来倫理の両立を実現しようとするのだ。

（一）普遍的な責任の探究

討議倫理の議論の背景には、次のような前提がある。すなわち、私たちが日常において倫理だと思っているものは、自分が属している歴史的・文化的・社会的文脈の中で形作られた「慣習」である、ということだ。

例えば、エスカレーターの左側に立つべきである、という規範が関東の規範であり、右側に立つべきであるという規範が関西の規範だとしよう。どちらに立つべきか、ということは、それを判断する者が関東の慣習に従うか、関西の慣習に従うか、ということでしかない。そして、どちらもその慣習の絶対的な根拠を示せるわけではない。例えば関東の人は左側に立つべきであると考えているかもしれないが、なぜそうであるのかを説明できるわけではない。この意味において、エスカレーターのどちらに立つべきか、ということは、それが判断される慣習によって左右される、つまり相対化されることになる。

ところが、未来世代への責任が問題になるとき、このように倫理が慣習的であるということは、致命的な問題になる。例えば気候変動の問題は、地球上の全ての人間が協力しなければ解決できない。しかし、そうした協力を義務づける規範が慣習に過ぎず、そして慣習がそれぞれの共同体の文脈によって多様であり得るなら、人類規模の規範などそもそも成り立つはずがないからである。

だからといって、私たちはみんな自分の帰属している慣習の中にバラバラに引き裂かれており、決して分かり合えない存在である、ということではない。アーペルは、異なる慣習に属する者同士でも、互いに意見を交わすことで合意を形成できる、と考える。そして、そうした話し合いの場において合意された内容には妥当性が認められる。すなわち規範の妥当性は慣習から独立したものとして存在するのではなく、慣習の中に生きる人間が話し合うことによって形成されるのである。

ただし、こうした話し合い――すなわち「討議」――には、それが成立するための条件、いわば基本的なルールがある。アーペルは次のように述べる。

議論の共同体においては、あらゆる共同の成員を同じ権利をもった討議のパートナーとして承認することを前提にしている。[*12]

すなわちそのルールとは、相手を「同じ権利」を持つ人格として承認するということ、言い換えるなら、相手を単なる手段として扱わない、ということだ。もしもこのルールが破られてしまったら、そもそも討議は成り立たなくなる。

例えば、エスカレーターの左に立つべきか右に立つべきかが議論されているとしよう。このとき、強烈な左側の支持者が、議論の参加者に対してナイフを突きつけ、「左側でいよな、な！」と脅迫したら、もしかしたらその場の参加者は泣く泣く左側への支持を表明せざるを得なくなるかもしれない。しかし、これは、決して左側に立つことの妥当性が認められたことにはならない。なぜなら、参加者が暴力によって意思表示を強制されているからだ。ナイフを突きつけて相手を脅迫する人は、左側に立つことへの支持を取りつけるという目的のために、その場にいる参加者を単なる手段にしてしまっている。その人は、参加者に対して、自分と対等な権利を認めていない。したがってそこで何が語られるのだとしても、それはもはや討議ではないのである。

こうした観点から、アーペルは、他者に対等な権利を認めることを、あらゆる討議を可能にするための条件として、その基本原則として基礎づける。ここで重要なのは、この原則はそれ自体が一つの規範でありながら、しかし何らかの特定の慣習に基づいているわけではない、ということだ。それはむしろ、多様な慣習の中で妥当な規範を形成するための「手続き」に関する規範なのである。したがってこの原則は、慣習の多様性によって相対化されることのない、普遍的な妥当性を持つと考えることができるのだ。

このように、互いに異なる慣習に属する人々が、話し合いによって合意を形成していくことは、民主主義的な意思決定のプロセスとして理解することができる。したがって、討議の条件としての他者の権利の承認は、同時に民主主義の条件でもある。*13 私たちが民主主義社会に生きようとする限り、私たちは自分とは異なる考え方をする人々にも、自分と対等な権利を認めなければならないのであり、それは絶対に相対化できない原則なのである。

(二) 理想的共同体と現実的共同体

アーペルは、討議に参加する人々が対等な立場から互いの権利を認め合っている状況を、「理想的なコミュニケーション共同体」と呼ぶ。しかし、言うまでもなく、現実の世界でこうした状況が実現されているとは限らない。いや、むしろそれは全く実現されていないに違いない。現実の世界にはさまざまな差別や偏見があり、互いを分かり合おうとするのではなく、ただ相手を論破しようとするディベートのようなテクニックが議論を支配している。アーペルは、こうした現実の討議の置かれている状況を「現実的なコミュニケーション共同体」と呼ぶ。少し言葉が長いので、以下では前者を「理想的共同体」、後者を「現実的共同体」と呼ぶことにしよう。

理想的共同体は一つの理念であり、現実の世界には存在しない。しかし、現実に存在しないからといって、それが無意味であるということにはならない。なぜなら、私たちはその理想に向けて、現実的共同体を修正していくことはできるからである。そのようにして、現実的共同体が進んでいくべき方向性を示すということこそが、理想的共同体の役割である。

普通の言葉で言い直せばこうなる。確かに、現実の世界には、相手を対等な人格として扱わない人間がたくさんいる。しかし、私たちはそうした状況を改善し、みんなが相手を対等な人格として扱うことができるよう、世界を正していくべきなのである。

ただし、理想的共同体へ向けた、現実的共同体の改善は、途方もなく長い期間を要する。人類が普通選挙権を獲得したのが一九世紀である、ということを考えれば、それがいかに遠い未来であるかは想像に難くない。こうした現実の改善は、個人の生涯を超えるものとして、遠い未来にまでまたがるものとしてしか考えることができないのである。

ここからアーペルは、「現実の内部での理想的コミュニケーション共同体の実現」のための「必然的な条件」として、「人類という種の存続」を要請する。[*14] つまり、理想的共同体を遠い未来にかけて実現していくためには、その前提として、そもそも人類が遠い未来にまで存続していなければならず、私たちはその存続に対して責任を負っている、ということだ。もしもそれを怠るならば、それは前述のような討議の前提条件を無視することになってしまうのである。

このことを、環境保護政策の思考実験に当てはめるなら、次のようになる。その国には、その政策を実施するべきだと考える人もいれば、そうは考えない人もいる。そうした考え方の違いは、究極的には、各自の慣習に基づいているのであり、その限りにおいてどちらかが決定的に正しいわけではない。

それに対して、政策の是非に妥当性を与えることができるのは、そのように立場の異なる人々が討議することによってでしかあり得ない。そして、討議をする以上は、人々は討議の条件として互いを対等な権利を持つパートナーとして承認するべきであるし、それを理想として現実を改善していくべきである。そして、そうした現実の改善への義務は、人類の存続への責任、未来世代への配慮を含むのだ。したがって、もしも未来における資源の枯渇が、社会の秩序を不安定にし、戦争によって人類の存続を不可能にしたり、あるいは理想的共同体の実現を阻んだりするものであるなら、私たちはそうした事態を回避するべきであり、それに資する政策を実施するべきである。つまり、この政策にもともとは反対の立場の人も、討議によって自分の意見の正しさを訴えるためには、この政策を支持しなければならなくなる、ということだ。

こうした討議倫理の支持者に対して、「私は未来世代への責任など絶対に認めない」と主張することは可能だろうか。アーペルによれば、それは不可能だ。なぜなら、何かを主張するという行為は、一つの討議の中で行われるのであり、その討議の成立条件を守らなければならず、そしてその条件の中に未来世代への責任が含まれているからだ。この反論は、その主張をするという行為と、その主張で語られる内容との間に、矛盾をきたすことになる。つまりそうした反論は誤謬《ごびゅう》を犯さざるを得ないのである。

ここに、討議倫理的な未来倫理の恐ろしい点がある。すなわちそれは、そもそもそれに対して反論することが不可能であるという形で、基礎づけられているのである。

前述の通り、討議の基本原則は民主主義の前提であった。したがって、アーペルの考える未来世代への責任は、民主主義が可能であるための条件である、と考えることもできる。つまり、私たちは民主主義的な社会を肯定する限り、同時に、未来世代への責任を引き受けなければならないのだ。このように、一般的には両立しないと考えられている民主主義と未来倫理を整合させられる点に、討議倫理の独自性がある。

共同体主義

ポイント

- 人間は世代を超えて継承される共同体の中で生きている
- 未来の共同体への配慮が、現在世代の生きる物語に必要である
- 現在世代が共同体の未来の物語を破綻させないよう、配慮するべきである

契約説において、人間は自分が何者であるかを認識できない状態で、自分にとって何が望ましいかを判断する。ロールズはそれこそが正義を導く鍵だと考えた。ところで、自分が何者かを認識できない、ということは、自分がどんな共同体にいるかも認識できない、ということだ。つまり契約説は、自分が帰属する共同体に左右されることなく、私たちが何かを判断できる、ということを前提にしている。しかし、このような前提は果たして本当に正しいのだろうか？

これに対して、私たちの判断はあくまでも共同体との関係の中で説明されるべきだ、と訴えたのが、共同体主義である。そして、この立場に基づく未来への責任は、契約説とは異なり、未来の共同体への責任という形で語られることになる。

（二）自己の物語化

共同体主義は、チャールズ・テイラー、アラスデア・マッキンタイア、マイケル・サンデルなどの哲学者によって理論化され、発展してきた。その基礎を成しているのは次のような発想だ。

人間は、自分一人だけでは生きていくことができない。それは、単に生存することができきない、という意味だけではない。独りぼっちでいたら、自分が何者であるかを知り、自分の人生にどんな意味があるのかを知り、自分の可能性を開花させることもできないのだ。だからこそ私たちは自分が属している共同体に対して特別な関心を払い、その共同体のメンバーや、あるいはその共同体そのものに対して配慮する必要がある。

しばしば誤解されるが、共同体主義とは、共同体のために個人が自分を捨てて奉仕することを義務づける思想ではない。むしろ共同体とそのメンバーへの配慮は、自己犠牲ではなく、あくまでも自分の人生を形作るためにこそ求められるのである。

このような考え方を、未来倫理へと応用した哲学者として、アヴナー・デ・シャリートを挙げることができる。デ・シャリートによれば、人間が自分自身のアイデンティティを形成するためには、自分の一生のうちに経験する全ての経験が、自分という同一人物に関係づけることができなければならない。彼はそれを「自己の統一」と呼ぶ[*15]。例えば、あるときに自分が行うことを、自分の人生の総体の中に統合するためには、その行為をそのときの状況だけではなく、それに前後するさまざまな出来事、つまり自分の人生の過去と未来とに関係づけることができなければならない。もしもそうした統合に失敗すれば、私たちの人生はバラバラの断片になり、自分が何者であるかが分からなくなり、そしていまそれをしているのが自分であるかどうかも分からなくなってしまう。
デ・シャリートは、そこへと行為が統合されていく私たちの人生を、「物語」と呼ぶ。人間は自分の人生の物語を形作ることで、アイデンティティを確立する。ただしその物語は、共同体を無視し、自分一人で描き出されるものではない。むしろ、共同体こそが、その物語の意味の源泉を提供するのだ。デ・シャリートはその一つの根本的な例として、共同体における自分の死後の扱いを挙げている。

例えば、「……を記念して」という形で死後に出版された日記、詩集、書簡集などがどれだけあるか考えてみよう。これは、創造された自己の業績を後世に残すことで、この自己の一部が将来も存在することを保証しようとするものである。自分の肉体は、埋葬したり、火葬したり、どんな方法でも処分され得る。しかし、自分の考えや思いは、肉体が消滅した後も存在し続け、死に対する恐怖の一部を克服することができる。[*16]

デ・シャリートによれば、人間は作品によって自己を残すことで、その作品が死後も共同体の中に存続し、人々に記憶されることによって、生前における死への恐怖に抵抗できる。これは、未来における共同体のあり方が、現在における自己の物語に影響を与える一つの例である。自分が死んだあと、誰も自分のことを覚えていない共同体に生きることと、誰かが自分のことを覚えてくれている共同体に生きることは、現在において「私」が自分の行為をどのように意味づけ、どのようにアイデンティティを形成するのか、ということを左右するのだ。

この意味において、未来は現在から切断された時間なのではない。むしろ、私たちの現在がどのようなものであるかは、私たちが未来をどう考えるかによって、大いに影響されるのである。

（二）未来の共同体への責任

人間がそこにおいて自らの物語を見出《みいだ》す共同体は、現在に閉じられたものではなく、未来に開かれたものである。デ・シャリートはこうした共同体を、それが現在を超えて未来に及ぶという意味において、「超越的な共同体」と呼ぶ。そして彼はここから未来世代への責任を導き出すのである。

私の考えでは、もしも人がある世代における共同体の観念を、その観念が他のメンバーに対する義務を含むという原理を含めて、受け入れるなら、その人は、未来にまでおよぶ超越的な共同体という観念を受け入れるべきである。したがって未来世代への義務の承認を受け入れるべきである。[*17]

ここで注意するべきことは、「私」が配慮するべき未来世代は、地球上に存在し得る全ての未来世代ではなく、「私」と同じ共同体に帰属する未来世代、つまり、いま「私」が帰属している共同体に、未来において帰属しているであろう人々である、ということだ。この意味で共同体主義における未来世代への責任の範囲は、他の理論と比較して、かなり限定されている。

しかし、デ・シャリートによれば、それが共同体主義の弱点になることはない。むしろ、彼の考えに従うなら、全ての未来世代への責任を訴えることのほうが、そもそも実現不可能な考えなのだ。自分が生きている共同体の未来を配慮することのほうが、はるかに現実的で、説得力のある考え方である。彼はそう考えるのである。

ただしこのことは、いまある共同体の姿が未来においても変わらないようにすること、つまり保守主義を貫くことを意味しない。なぜなら私たちは、共同体にとって何が最善であるかを、そのたびごとに問い直し、議論することによって、修正することができるからだ。共同体主義は、いまその共同体で流通している規範に、無反省に盲従することを説く思想ではない。むしろ、その共同体の価値は繰り返し反省されるべきなのであって、もしもその共同体についていくことができないのなら、その共同体を離れる自由が常に残されているのである――もちろん、そこには大きな代償が伴うのであるが。

もっともそれは、だから共同体の価値観をコロコロ変えてよい、ということでもない。共同体の価値観が大きく変わり、そのメンバーが過去との連続性を感じることができなくなれば、共同体は人間に対して物語の豊かな意味の源泉であることをやめてしまう。そのとき、人々は共同体の中で疎外感を抱き、自己の人生を有意味なものとして統合することに失敗するかもしれない。

ここから、未来の共同体のために私たちに課せられている責任がどのようなものであるのかが導かれる。すなわちそれは、未来世代にとって共同体が有意味であるように、その共同体の価値観の連続性を守ることである。言い換えるなら、深い考えなしに愚行を犯し、共同体の価値観を掘り崩すことで、未来世代が何を尊重するべき価値として生きればよいのか分からなくなってしまうような事態を、回避することである。

環境保護政策の例に当てはめて考えてみよう。共同体主義の立場において重要なのは、その選択がその共同体の価値観と整合しているのかどうか、ということだ。例えばその国において、慈善が美徳とされているとしよう。その国では、裕福な人が貧しい人を助けることがよしとされ、その国の国民は、慈善には意味があると考え、そうした価値観によって自分の人生を有意味なものとして理解している。

しかし、もしも現在世代が政策を実施せず、資源を枯渇させれば、その国の未来世代が置かれている状況は厳しいものになる。それは、その国において美徳とされている慈善の精神に反するものであろう。もしそうなったら、未来世代は、「なんであのときあの世代は、自分たち後世の者のことを考えずに、資源を使い尽くしたのだろうか」という疑惑に苛まれ、慈善が価値であることに確信が持てなくなり、それによって疎外感を抱くだろう。

重要なのは、このように未来世代が疎外感に苛まれることは、現在世代の「私」にとっても大きな問題である、ということだ。なぜなら、「私」は、自分が生きている共同体が未来においても存続する、という確信のもとで、自分の人生の物語を描き出すからである。

だからこそ、現在世代はあくまでも環境保護政策を採用するべきである。その選択が、たとえ経済的には不利をもたらすのだとしても、「私」の人生を有意味にすることに寄与するからである。

ケアの倫理

ポイント
- 子どもには心配せずにいられる居場所が必要である
- 子どもへのケアは、そうした子どもの居場所への配慮でもある
- そうした居場所が未来においても失われないよう、未来への配慮が必要である

契約説と討議倫理には共通する特徴がある。それは、人間が理性的な存在であることを前提とし、普遍的に妥当とされる原則に高い価値を置く、ということである。両者はとも

に話し合いこそが望ましい解決策を導くと信じている。しかし、それは本当なのだろうか。

　このような態度を一面的として批判する立場が、一九八〇年代から論じられるようになった、「ケアの倫理」と呼ばれるものだ。アメリカの心理学者であるキャロル・ギリガンは、主著『もうひとつの声』において、理性や普遍性を重視する倫理のあり方を「正義の倫理」と呼び、それが男性中心主義的であると批判した。ケアの倫理は、正義の倫理では見落とされてしまう、しかし私たちの生活において大きな意味を持つ倫理のあり方として、「ケア」に注目する。そして、ケアの倫理に基づく未来世代への責任は、契約説や討議倫理とは全く異なった形で論じられることになる。

（一）他者に依存する人間

　ケアの倫理の特徴は大きく分ければ三つある。第一に人間を他者に依存するものとして捉えること、第二に倫理における感情の働きを重要視すること、そして第三に個別の状況を重視することである。この意味でケアは、自分に依存している他者を、その他者への共感に基づいて、特定の関わり合いの中で配慮することとして捉えられる。

　人間を他者に依存するものとして捉える、ということは、人間を一人では生きていけないものとして、他者を頼りながら存在するものとして理解する、ということだ。当然のことながら、人間は子どもとして誕生し、多くの場合、老人として死去する。その人生の始まりと終わりにおいて、誰であっても他者から世話されるのであり、他者に依存しなければ生きていけない。そのように他者に依存することを過小評価することは、正義の倫理にありがちな考え方である。これに対してケアの倫理は、他者への依存は決して蔑視されるものではなく、むしろ人間の条件を構成するものなのである、と考える。[*18]

一見して、ケアの倫理は未来世代への責任と親和性が高いように思える。なぜなら、未来世代は現在世代に対してまさに依存しているのであり、そうした依存に根ざした倫理こそが、ケアの倫理に他ならないからだ。しかし、その一方で、そうした接続を妨げる要素もある。それは、ケアの倫理において、ケアはあくまでも個別の状況の中で、目の前に存在する他者との関係性として理解される、ということだ。[*19]現在世代と未来世代はそのような関係にはない。したがって、未来世代への責任を、目の前にいる子どもへのケアと同一視することは、飛躍にならざるを得ない。

これに対してクリストファー・グローブスは、「愛着 attachment」という心理学の概念に注目することで、ケアの倫理と未来倫理と接続させようとする。

グローブスによれば、子どもへのケアは、決してその子どもの生存に必要な物質的ニーズを満たすことだけを意味するわけではない。つまり、食べ物を与えるとか、寝る場所を与えるとかいうことだけが、そうしたケアではない。それよりも本質的なのは、その子どもが安心できる場所、「心配いらない居場所」を確保し、その中で子どもを守ることである。子どもはこのような居場所に愛着を抱き、ここに自分がいてもいい、ということを確信することができる。そうした愛着が子どもの成長には不可欠なのである。グローブスは次のように述べる。

情動的な愛着は、単に、別のものと並列するもうひとつのニーズである、ということではない。むしろそれは、いかにしてあらゆる子どもにとっての他のニーズが満たされるのか、ということを構成する部分なのである。この愛着が、ケアする者とケアされる者の保護的な関係を創出するのである。[*20]

「心配いらない居場所」を守ることは、食べ物を提供することに先行する。たとえ食べ物を与えられているのだとしても、親が常に子どもに当たり散らし、子どもが安心できずにいつもびくびくしているのなら、それは子どもへのケアではないし、子どもの成長を促すこともできない。むしろケアは、子どもがそこに愛着を抱くことができるような居場所を創出し、そうした居場所を維持しようとする配慮を意味するのである。食べ物を提供することがケアになるのは、そうした居場所が子どもに約束されているときだけなのだ。また、グローブスは次のようにも述べている。

愛着とは、不確実な未来へと――しかしそうであったとしても、「まったく心配いらない」環境のなかで、自己の継続と発展が約束されることを望ましい仕方で提供する未来へと――子どもたちを向かわせるための、「媒体」のようなものなのである。*[21]

子どもが親に愛着できる、ということは、それによってその子どもが新しい挑戦をすることができる、ということでもある。子どもは、自分には居場所があると信じられるからこそ、冒険をすることができる。つまり未来へと向かうことができるようになる。この意味において、子どもに居場所が約束されていることは、その子どもが未来へと歩み出すための条件でもあるのだ。

（二）心配いらない未来への責任

親は子どもが愛着することのできる「心配いらない居場所」を創出し、守らなければならない。そのように配慮することこそが子どもをケアするということなのだ。では、そうした居場所として配慮されるべきものは、一体何なのだろうか。

親と子どもの日常的なコミュニケーションは、そうした配慮に欠かすことができないものだろう。また家庭環境、具体的には家の中の衛生状況なども無視することはできない。しかし、それだけではない。例えば家の周辺の治安が極度に悪ければ、どれだけ家の中が安全であっても、子どもは自分が「心配いらない居場所」にいるという安心感を得られないだろう。あるいは外から常に騒音が聞こえていたり、道にゴミが散乱していたりしても、同様だろう。街路の壁という壁に、特定の人々を差別する言説が落書きされていたり、あるいは特定の人々の通行を禁じたり、隔離したりするための鉄条網が張り巡らされていても、やはり子どもに悪影響を及ぼすだろう。

グローブスは、「心配いらない居場所」として私たちが配慮するべきものを、家庭の中だけに限定せず、「風景」「共同体」「社会制度」「文化的な文脈」にまで拡張する。[*22] 子どもをケアするということは、子どもを取り巻くそうした周辺環境をケアし、それらが荒廃していくのを防ぐことへの責任を含んでいるのだ。

こうした、子どもを取り巻く周辺環境は「世界」と総称される。子どもへのケアは世界を荒廃させない責任を伴う。そしてその責任は、現在の世界に対してだけ向けられるのではなく、未来の世界に対しても向けられなければならない。

なぜだろうか。グローブスはその理由を次のようなたとえ話によって説明している。「私」が誰かを愛しているとしよう。そのとき、「私」がその相手に対してこんなことを言うことは可能だろうか。「ねぇ、僕は君を愛している。君が生きている限り、僕は君のためにできる限りのことをしたいと思っている。でも、多分、僕は君より先に死んでしまうと思うし、僕が死んだあとの君については、別にどうでもいいと思っているんだ」。恐らく多くの人は、こんなことを言う人は相手を愛していない、と判断するだろう。誰かを愛するということは、いまこの瞬間だけ相手を愛することではなく、相手の未来を愛すること、愛し続けることであるからだ[*23]。

同じことが、ケアにも当てはまる。目の前の他者を配慮しながら、自分の死後に他者がどうなるかには全く配慮しない、という態度は、そもそもいまこの瞬間においてすらその他者をケアしていることにならない。つまり他者をケアするということは、他者の未来をケアすることを意味するのである。

もちろん自分の死後に「私」が直接他者を配慮することはできない。したがって未来への責任は、他者が安心して生きていくことのできる世界を未来においても持続可能にする、あるいは未来において到来する世界の荒廃を回避する、という配慮として、実践されるのである。

以上のように、愛着という概念を鍵として、グローブスはケアの倫理から未来への責任を導き出す。彼の論証において特徴的なのは、いま目の前にいる子どもをケアするということを実現するために、未来へ向けて持続可能な世界を維持する責任が要請される、と考える点だ。この意味で、グローブスにとって未来への責任は現在を生きる他者へのケアと一体化しているのである。

それでは、このような思想を環境保護政策の例に当てはめると、どうなるだろうか。現在世代は、現在において目の前の他者をケアするために、自分の死後の世界のあり方にも責任を負う。ただしそのときに配慮するべきなのは、いま生きている子どもたちが、この世界を「心配いらない居場所」だと思えるかどうか、ということだ。もしも政策を実施しなければ、未来の社会は深刻な混乱に陥り、その世界は荒廃していくことになる。これから世界が荒廃する未来がやってくる、という展望のもとで生きることは、子どもがこの世界を「心配いらない居場所」だと確信することを妨げるに違いない。それによって子どもたちは安心して未来に向かって新たな挑戦をしたり、冒険をしたりすることができなくなる。そうであるとしたら、そうした事態は回避されるべきである。したがって政策を実施することは正しい、ということになるだろう。

各理論の比較

これまで、契約説、功利主義、責任原理、討議倫理、共同体主義、ケアの倫理から説明される、未来世代への責任の理論を概観してきた。

これらはいずれも、その拠《よ》って立つ原理や人間観に大きな違いがあり、その違いが未来世代への責任の考え方を多様なものにしている。それぞれの理論には強みと弱みがあり、応用されるのに適した問題も異なる。そうした違いを理解していなければ、未来倫理を不適切に応用する失敗を犯しかねない。それを避けるためにも、最後に、それぞれの特徴を

未来倫理の各理論の比較

	なぜ責任があるのか	何を負っているのか	未来世代とは誰のことか	尊重される価値	民主主義と整合するか
契約説	公正な社会の条件だから	富の貯蓄	子孫	自由	◎
功利主義	最大多数の最大幸福を原理とするから	幸福の最大化 不幸の最小化	有感生物	幸福	○
責任原理	責任の可能性の条件だから	責任能力の存続	責任能力を持つ者	責任	△
討議倫理	討議の可能性の条件だから	現実的共同体の存続	コミュニケーション能力を持つ者	自由	◎
共同体主義	超越的共同体に配慮しなければならないから	物語の統合性	未来の共同体の成員	美徳	○
ケアの倫理	愛着の可能性の条件だから	居場所の存続	心配いらない居場所を構成する者	ケア	△

明確にし、各理論を簡単にマッピングしてみよう。

まず、第一章でも述べたような、未来倫理の理論に求められる問いとして、「なぜ未来世代に責任があるのか」「未来世代に何を負っているのか」「未来世代とは誰のことか」ということを軸として、各理論を分類してみよう。また、比較する上で重要な観点として、「尊重される価値は何か」「民主主義と整合するか」

ということも軸に加えてみる。

表でまとめていることは、ほとんどこれまで論じてきたことであるから、改めて詳しく論じる必要はないだろう。ただ、「尊重される価値は何か」と「民主主義と整合するか」という点について、いくつかコメントしておきたい。

未来倫理の理論は、自由、幸福、責任、美徳、ケアのいずれを尊重するかによって、その方向性が大きく変わってくる。そしてそれは、それぞれの価値が衝突するとき、重要な問題になる。例えば、ある出来事が、それによって人間の自由を守ることになるが、その引き換えに人間を不幸にすることがあり得るかもしれない。人間が自由に行為した結果、無秩序や混乱が引き起こされ、それまでの共同体の美徳が失われるかもしれない。このようなとき、私たちがそれでもその行為を正しいと判断できるか否かは、結局のところ、もっとも尊重されるべき価値が何であると考えているかに依拠するのである。

また、私たちが民主主義的な社会に生きている限り、民主主義と未来倫理の距離感も重要な問題だろう。民主主義ともっとも強固に結びつくのは、契約説と討議倫理である。これらは民主主義というシステムが正常に機能するための条件として、未来世代への責任を導き出すことを可能にするからだ。一方、功利主義は、それが全ての人間の幸福を平等に

未来倫理の理論マッピング

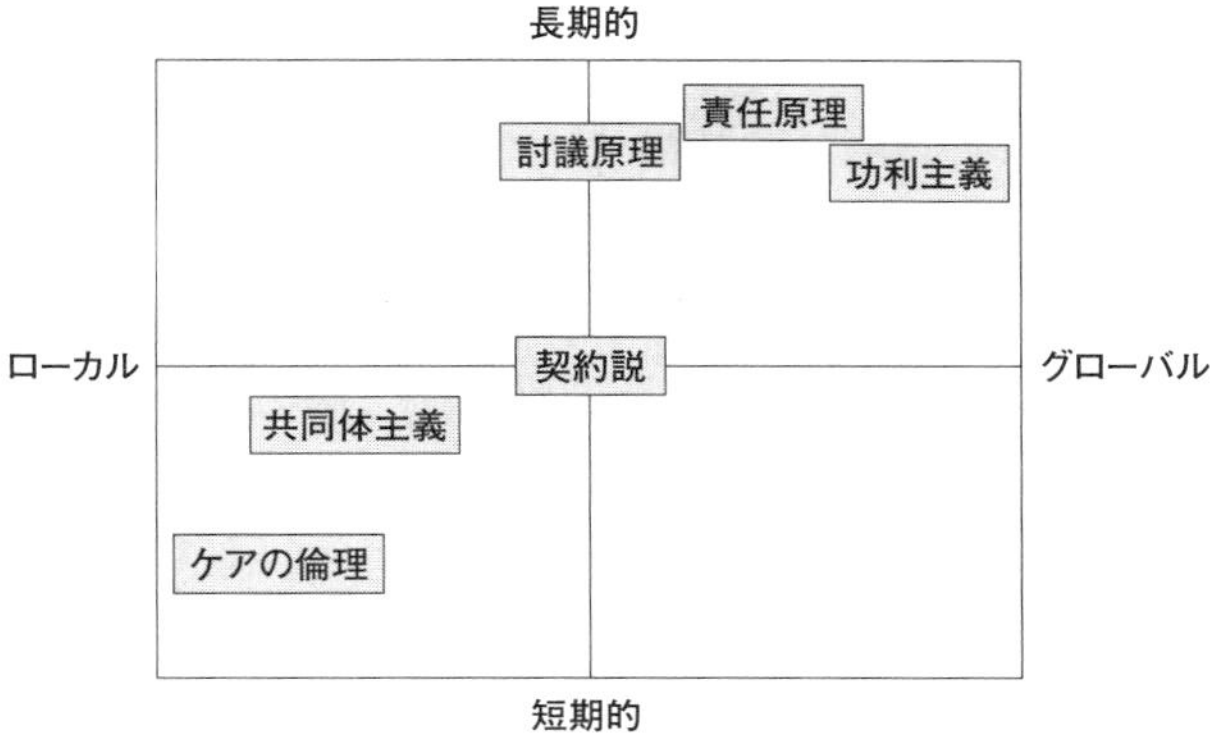

扱うことによって、特定の権力者による暴政を抑制するという意味では、民主主義の理念の実現を促進する。しかし、功利主義を採らなければ、民主主義が不可能になるというわけではないだろう。それに対して、責任原理およびケアの倫理は、基本的に民主主義から導き出されるものではなく、それによって覆い隠されてしまう別の倫理を明らかにしようとする。これらの立場はむしろ民主主義だけでは不十分な側面を補完するものとして位置づけられる。

　また、それぞれの理論は、そこで想定されている未来世代への責任が長期的なものなのか、短期的なものなのか、また配慮の範囲がグローバルなのか、ローカルなのか、という観点からも区別される。これらをマッピングすれば上図のようになる。

例えば特定の共同体、国家や社会の一〇〇年後の未来について考えるなら、比較的ローカルかつ短期的な未来への配慮を説明する共同体主義の理論を応用することが適しているだろう。しかし、人類の存続をめぐる問題など、より長期的でグローバルな問題を考えるなら、討議倫理や責任原理の理論を応用するのが適しているかもしれない。

このように、それぞれの理論には個性があり、強みがある。こうした特徴を踏まえた上で、具体的な課題に対する最善の答えを導き出せるよう用いることが、未来倫理の真価を発揮させるのではないだろうか。

第四章　未来倫理はどんな課題に応えるのか？

本書も後半に差しかかった。これまで、私たちは未来倫理の理論的な側面を中心に考察してきた。本章からは、その理論に基づきながら、現実の社会課題について考えていこう。未来倫理はどんな社会課題に応えるのだろうか。もちろんそれは、未来世代への責任が必要になるような課題である。では、それは具体的にはどんな課題なのだろうか。本章ではそうした課題として、気候変動・放射性廃棄物処理・ゲノム編集の三つを取り上げる。

なぜこの三つだけを取り上げるのだろうか。もちろん、これ以外にも、未来に影響を与える社会課題はたくさんある。しかし、未来に影響を与えるからといって、それが何でも未来倫理の問題になる、ということにはならない。

例えば「私」が、上司に怒られた腹いせに、道に石を置いたとしよう。そして、「私」が生きている間には誰もその石に躓《つまず》くことはなく、その石はずっとその道の上に置かれていたとしよう。月日は流れて、「私」が死んだ一〇〇年後に、誰かが石に躓いて転んだとする。このとき、「私」の行為は未来世代に影響を及ぼしたことになる。「私」が道に石を置かなければ、その未来世代は転ばなくて済んだからだ。では、だから「私」は転んだ人に対して責任を負う、と言えるだろうか。

言えるかもしれない。しかしその責任は、現在において「私」が誰かを転ばせた責任と、基本的には変わらない。なぜなら、現在においても、未来においても、転んだ人はその石を避けたり、その石を動かしたりして、転ぶことを未然に防ぐことが可能だからだ。もちろん、だから転んだ責任が転んだ本人にある、などということにはならない。「私」は怒られるべきだ。ここで言いたいのは、転んだのがいつであるかによって、その石に躓いて転ぶということの意味は変わらない、ということである。

それに対して現在においては対処することができるが、未来になると対処できなくなる問題も考えることができる。そして、そのような性格を持つ問題として最大級に厄介なものが、気候変動・放射性廃棄物処理・ゲノム編集なのだ。

一つ例を挙げるなら、これから紹介するように、現在世代は気候変動の問題に対してまだ働きかける余地を持っている。しかし、現在世代が何もせず、気候変動の深刻化を放置した場合、未来世代には現在世代と同じようにこの問題に働きかける可能性がほとんどなくなってしまう。気候変動の脅威は未来世代にとっては対処不能の仕方で襲いかかってくるのである。

もちろん、気候変動・放射性廃棄物処理・ゲノム編集は、未来世代に不可逆の影響を与えるという点では共通しているものの、それらの間には違いもある。その違いによって、どの理論を応用して考えるのが適しているのかも変わってくる。以下では、それぞれの課題を個々に取り上げ、それらが未来倫理の観点からどのように考えられるのかを考察しつつ、その特徴を比較していくことにしたい。

気候変動

人類の産業活動が地球環境に悪影響を与えている、という認識は、二〇世紀の後半からさまざまな場面で指摘されるようになった。その中でももっとも困難な課題として語られるのが、地球温暖化である。そもそも、未来倫理の理論のいくつかは、この課題に対応する新しい倫理学の要請から誕生している。その意味において地球温暖化は未来倫理にとって馴染《なじ》み深いテーマである。一方で、近年、この問題はかつてないほどの切迫感と緊張を伴って語られるようになってきた。その背景には、気候変動が深刻化しているにもかかわらず、国際社会の取り組みが十分に機能していないことへの苛立《いらだ》ちがある。

（一）地球温暖化とは何か

そもそも地球温暖化とは何だろうか。まずはその原理を説明しておこう。

地球温暖化は、さしあたり、温室効果ガスと呼ばれる物質によって、地球上の大気の温度が上昇する現象を指している。そのメカニズムはおおむね次のように説明できる。

地球上の気温は、大まかに言えば、二つの要素によって成り立っている。気温を上げようとする働きと、下げようとする働きである。上げようとする働きとしては太陽による熱が挙げられる。一方、下げようとする働きとしては、赤外線放射という働きが知られている。これは、地表から赤外線が放射されることで、熱が宇宙へと放出され、地表の気温が冷却される、というものだ。気温に対して、太陽の熱が正の働きかけをするとすれば、赤外線放射は負の働きかけをするのである。この二つの作用がバランスを取ることによって地球の気温は定まる。

こうした作用に対して、二酸化炭素（CO_2）、メタン、フロン、亜酸化窒素などの温室効果ガスは、地表から放出される赤外線を吸収するように働きかける。それによって、宇宙への熱の放散が妨げられ、負の作用が十分に機能しなくなり、正の作用が相対的に強化される。要するに、気温を下げようとする働きが機能しなくなり、気温を上げようとする働きにブレーキがかからなくなるのだ。結果として地球上の気温が上昇する一方になってしまう。これが、地球温暖化の基本的なメカニズムだ。

もっとも、温室効果ガスはもともと自然界に存在するものでもあり、その全てが害悪だというわけではない。もしもそれがなくなってしまったら、今度は赤外線放射という負の作用に歯止めが利かなくなり、地球の平均摂氏は氷点下以下になるとも言われている。

問題なのは、産業革命以降、人間の活動に由来する温室効果ガスが急激に増加し、それによって顕著な気温の上昇が起きている、ということである。

気候変動に関する政府間パネル[*1]（IPCC：Intergovernmental Panel on Climate Change）は、二〇一八年に『一・五℃特別報告書[*2]』を発表し、その衝撃的な内容によって世界を驚かせた。それによれば、産業革命以前と比較したとき、現在の地球上ではすでに一・〇℃の気温上昇が起きている。そしてこうした気温上昇は今後も続く。もしも私たちが、二〇五五年までにCO_2の排出量をゼロにするなどの目標を達成できれば、一〇〇年後の気温上昇を一・五℃に抑えることができるが、もしもそれに失敗すれば、これを超える気温上昇を避けることができなくなり、地球温暖化を制御することは難しくなる。

その程度の温度の上昇であれば、大した影響はない、という印象を抱くかもしれない。報告書では、そうした疑念を払拭するために、気温上昇が一・五℃に抑えられた一〇〇年後の世界と、二・〇℃に達した一〇〇年後の世界の比較が行われ、未来において生じ得る恐ろしい被害が想定されている。

いくつか紹介しよう。地球温暖化によって引き起こされる深刻な脅威の代表格として挙げられるのが、洪水である。地球の気温が上昇すれば、北極などの氷が解け、世界中で海面水位が上昇し、現在よりも洪水が発生するリスクが高くなる。報告書によれば、一・五℃上昇した一〇〇年後の世界では洪水の影響を受ける人口は現在よりも一〇〇パーセント増加する。それでも大変な数であるが、二・〇℃上昇した一〇〇年後の世界では、その数は一七〇パーセントにまで膨れ上がる。この二つの数字の間で、想像を絶するほどの人々の生命と生活が賭けられているのである。

気温の上昇は、それに伴って、海水の温度も上昇させる。海水の温度上昇は、海洋生物の生息地域の変化をもたらす。魚は、自らが生育するのに適した温度の海域へと移動するからである。それによって生態系が崩れるのはもちろん、漁業を主たる産業としていた地域の人々、特に赤道直下の地域の人々は、これまで通りには魚が獲《と》れなくなり、経済的なダメージを受けることになる。報告書によれば、一・五℃上昇した一〇〇年後の世界では、世界全体の年間漁獲量が一五〇万トンを超える損失になるが、二・〇℃上昇した一〇〇年後の世界では、世界全体の年間漁獲量が約三〇〇万トン損失する。当然、そうした損失は人々から職を失わせ、貧困を蔓延させる原因になる。

海に接していない地域にも深刻な被害が生じる。そうした被害として降水量の極端な変化が挙げられる。乾燥地帯では降水量が減少し、干魃《かんばつ》が引き起こされる。一・五℃上昇した一〇〇年後の世界では、世界全体で干魃の影響を受ける都市人口は約一五〜三五万人であるが、二・〇℃上昇した一〇〇年後の世界では、その数は約二一〜四一万人にまで上る。また、地域によっては気温上昇と比例して豪雨のリスクが高くなる。

ここに挙げたのはＩＰＣＣの予測のほんの一部である。他にも、永久凍土の融解、サンゴ礁の消失、生物種の生息地域の消失など、被害の内容は多岐にわたっている。*3

もっとも『一・五℃特別報告書』に対しては、その科学的な妥当性をめぐってさまざまな批判が提起されている。ここではそうした議論の詳細には立ち入らないが、いずれにしても、私たちが強い危機感を持って地球温暖化問題に取り組まなければならないことは確かである。そしてそのためには、いますぐアクションを起こさなければならないのだ。

（二）気候変動への意識

近年の気候変動に対する市民運動を象徴する存在として知られているのが、スウェーデンの環境活動家であるグレタ・トゥーンベリである。二〇一八年、当時一五歳だった彼女は、毎週金曜日に学校に登校することをボイコットし、国会の前で座り込みのデモ活動を行った。「Fridays For Future（未来のための金曜日）」と名づけられたその運動は、世界中に拡散し、主に若者を中心に多くの連帯を呼び起こした。

彼女を一躍有名にしたのは、二〇一九年に開催された国連・気候行動サミットにおける演説である。そこで彼女は、聴衆である大人たちに向けて、怒りを露《あらわ》にしながらこう語った。

あなたたちには失望した。しかし若者たちはあなたたちの裏切り行為に気付き始めている。全ての未来世代の目はあなたたちに注がれている。私たちを失望させる選択をすれば、決して許さない。あなたたちを逃がさない。まさに今、ここに私たちは一線を引く。世界は目を覚ましつつある。変化が訪れようとしている。あなたたちが好むと好まざるとにかかわらず。[*4]

グレタが「失望」を表明したのは、地球温暖化の問題が露見してから多くの歳月が経過しているにもかかわらず、温室効果ガス排出削減に向けた取り組みが遅々として進まず、事態が深刻化の一途を辿っているからである。

その背景にあるのは人々の問題意識の低さであろう。グレタら若い世代における意識の高まりとは裏腹に、今日においても地球温暖化に対するさまざまな懐疑論が語られている。そもそもこの問題に対して無関心を決め込もうとする人々も少なくない。

地球温暖化は全世界に影響を及ぼす。しかし、その影響の現れ方は一様ではない。例えば、海面上昇によって国土の多くが失われたり、主要な産業が失われたりするのは、今日において主に途上国と呼ばれる国々である。そうであるとすると、先進国の人々にとって、温室効果ガス排出削減に取り組もうとするモチベーションが低くなるのも不思議ではない。なぜなら、たとえ一〇〇年後に世界が深刻な地球温暖化に見舞われるのだとしても、自国の未来世代には大した被害が生じないかもしれないからだ。

しかし、実際に温室効果ガス排出量の大部分を占めているのは、先進国である。地球温暖化に歯止めをかけるためには、むしろ先進国こそが率先して取り組みを行わなければならない。もしも先進国の怠慢のために、未来において途上国が被害を受けるならば、途上国は自国の責任ではない負担を、本来なら先進国が支払うべき負債を、押しつけられることになる。[*5]

先進国の人々が、途上国の未来に対して無関心な態度を取り、「我関せず」という姿勢を貫くなら、それは許しがたい暴力であろう。しかし、実際に被害を受けるのは、現在に存在する途上国の人々ではなく、まだ存在していない未来世代である。この意味において、気候変動の被害者は、先進国の現在世代にとって二重の意味で他者であり、遠い存在なのだ。このことが気候変動への意識の低さに拍車をかけていることは疑い得ない。

(三) ジオ・エンジニアリング

全く違った方法で地球温暖化に歯止めをかけようとするアイデアもある。それが、「ジオ・エンジニアリング」と呼ばれる手法である。

ジオ・エンジニアリングとは、その名の通り、地球をエンジニアリングすること、つまり地球環境を人為的かつ工学的に操作しよう、とするものである。これまで、気候変動に対する主な対策として想定されていたのは、温室効果ガス排出削減だった。それは、あくまでも地球の気象システムを前提とし、そのシステムの中で地球温暖化を抑制しようとするものである。それに対してジオ・エンジニアリングは、地球の気象システムそのものを作り替えることで、温室効果ガスを排出し続けたとしても温暖化しないよう、地球環境のメカニズムを変えようとするものである。

このアイデアを提唱した研究者として知られているのが、前述した「人新世」という概念の提唱者であり、またノーベル化学賞の受賞者でもあるパウル・クルッツェンである。クルッツェンが紹介しているのは、一般に太陽反射管理と呼ばれる手法だ。

太陽反射管理とは、一言で表現すれば、大気中に太陽光を反射する微粒子を散布し、地表に熱が届かないようにすることで、気温を低下させる手法である。「エアロゾル」と呼ばれるそうした粒子を成層圏に注入することで、太陽光のコントロールが可能になる。たとえて言うなら、太陽光を遮る霧を人為的に作ろう、という発想である。

もう一つの可能性として議論されてきたのは、温室効果ガスの排出量を抑えるのではなく、排出された温室効果ガスを吸収してしまう、という方法である。海洋鉄散布と呼ばれる手法がこれに該当する。

植物は光合成によって二酸化炭素を酸素に変換する。海に存在する植物プランクトンも、当然のことながら、同様の働きをする。ところが、一部の地域では、海洋中に鉄の元素が欠乏しているために、植物プランクトンが十分に生育していない。こうした海域に大量の鉄を散布することによって、植物プランクトンを人為的に増殖させ、光合成を促進し、二酸化炭素を吸収させることが、その基本的なアイデアである。

太陽光反射管理と海洋鉄散布は実用化可能なジオ・エンジニアリングの手法として期待を集めてきた。しかし、実用化へ向けた本格的な実験はまだ行われていない。というのも、たとえ限られた区域での実験を行うのだとしても、それが地球環境に対して不可逆な影響を与えることは明らかであり、事実上それは小規模な実用化になってしまうからだ。実用化するためには安全性を検証しなければならない。そして安全性を検証するためには実験を行わなければならない。しかし、ジオ・エンジニアリングにおいて、実験はそれ自体が実用化とほとんど同義なのである。

別の問題もある。仮に、ジオ・エンジニアリングを実装し、地球温暖化に対して抵抗力を持つシステムを人為的に構築できたとしよう。当然のことながら、そのシステムは人間のメンテナンスによって維持されることになる。もしそのメンテナンスを突然やめてしまったら、それまでのツケが返ってくるかのように、破局的な気温上昇が生じてしまうかもしれない。もちろん、いったんはジオ・エンジニアリングを行い、その間に温室効果ガスを緩やかに削減していく、ということも可能だろう。しかし、すでに排出されている二酸化炭素はすぐにはなくならない。場合によっては、数百年、数千年とジオ・エンジニアリングを続けなければならなくなるかもしれない。[6]

この問題を一般に「終端問題」という。すなわちジオ・エンジニアリングは、一度始めてしまったら、いつになってもやめることができないのだ。未来世代は、それをやめてしまったらただちに破局が生じるような地球環境の持続的な操作を、否応なく強制されることになる。そしてそれは、気候変動がもたらす被害とは違った形で、未来世代に負担を課すことを意味するだろう。この意味において、ジオ・エンジニアリングの終端問題は、後述するような放射性廃棄物処理の問題とよく似た構造を有していると言える。

（四）理論を応用して考える

未来倫理の問題として考えるとき、気候変動の大きな特徴は、それがグローバルな規模で未来の生活環境に影響を与える、という点にある。この問題を考えるためには、多様な人々が共生する環境を総合的に勘案することのできる理論が適している。このような観点から、契約説と功利主義が、気候変動について議論する上では有効だろう。

第三章で紹介した通り、契約説は、公正な社会の条件から未来世代への責任を導き出すものであり、貯蓄原理によって、現在の資源を使い果たさないことへの義務を基礎づける。このような考え方を気候変動に応用するなら、私たちが資源として貯蓄するべきなのは、海氷であり、現在の生態系であり、臨海地域の生活空間である、ということになるだろう。私たちが温室効果ガスを排出するということは、こうした資源を浪費するということを意味する。したがって、貯蓄原理に基づいて温室効果ガスを抑制することは、未来世代への責任として正当化されるのである。

功利主義で考えるとどうなるだろうか。まず、気候変動に対して対策を講じた場合の未来と、対策を講じなかった場合の未来が比較されることになる。その場合、明らかに、前者のほうがこの世界に多くの幸福をもたらすだろう。したがって、功利主義によって考えても、温室効果ガス排出削減に取り組むことが道徳的に求められる、ということになる。

では、契約説と功利主義の間には何の違いもないのだろうか。そんなことはない。両者の間で大きく回答が変わってくるのは、現在世代に対して課される義務がどの程度のものなのか、ということである。

功利主義的に考えるなら、この世界に幸福を最大化する規範こそが、もっとも道徳的に望ましい。したがって、温室効果ガスの排出量を即時にゼロにすることが、最善であるということになるだろう。反対に、少しでも現在世代に温室効果ガスの排出を認めるならば、それは道徳的には正当化することのできない、妥協として位置づけられる。

それに対して、契約説に従って考えれば、無知のヴェールのもとで人々がどのような制度に合意するのか、ということが、取り組みの負荷を決定することになる。そうした思考実験の中で、人々は自分が現在においてもっとも社会的に不利な立場に置かれていることを前提にして検討する。その上で、自分たちの子孫である未来世代への影響を配慮し、そのバランスの中で取り組みの負荷を決定することになる。

ここには、現在と未来の関係という意味での通時的な問題と、先進国と発展途上国の関係という意味での共時的な問題が交錯する、気候変動に独自の困難さが潜んでいる。もしも未来世代への責任だけを考えるなら、功利主義的に、温室効果ガス排出を全面禁止することが最善である。一方で、それは現在の国際社会に対する不公正を招くことになるかもしれない。しかし、だからといって取り組みの負荷を軽減すれば、未来世代への悪影響を回避することが困難になる。

どちらの説を取るにしても、そうしたバランスに配慮しなければ、現実的な解決策を考えることはできないだろう。契約説に従って考えるなら、未来世代に及ぼし得る悪影響の許容範囲を明確に設定するべきだ。また、功利主義に従って考えるなら、現在世代が引き受ける負担の許容範囲を明確に設定するべきだ。そしてその線引きは、それぞれの理論の内部から演繹《えんえき》されるのではなく、現実の世界を考慮して行われなければならない。

放射性廃棄物処理

次に、放射性廃棄物処理について考えていこう。これもまた、遠い未来に悪影響を及ぼし得る課題であるが、その影響の及ぶ未来が桁外れに長い期間である点に、大きな特徴がある。そして、この課題をめぐって考慮されなければならない事柄の中には、放射性廃棄物の未来世代への有害性だけではなく、放射性廃棄物とともに生きなければならない未来世代の生活や、最終処分場が建設される土地の歴史もまた含まれる。

（一）放射性廃棄物が未来に与える影響

ここでは高レベル放射性廃棄物の処理に議論を限定しよう。それがどのような社会課題を喚起しているかを理解するためには、まず、核燃料サイクルという原子力発電の基本的なメカニズムを確認する必要がある。

核燃料サイクルとは、原子力発電によって排出された使用済み核燃料を再処理し、そこからウランを回収して再び発電に供する手法である。これによって効率的な発電が可能になるが、同時に、ウランを再処理する過程で高い放射線量を出す廃棄物が排出される。それが高レベル放射性廃棄物である。

高レベル放射性廃棄物の大きな特徴は、その高い放射線量のために、周囲の自然環境に対して深刻なダメージを与えるということだ。したがって、これを処理するためには、放射線を遮る素材の容器に入れ、厳重に封印されなければならない。そして、その放射線量が自然環境に対して無害なレベル（自然放射線量）にまで低下するのに、およそ一〇万年の歳月がかかると言われている。

ここで難問が立ち現れる。放射性廃棄物を処分しようとすれば、少なくとも一〇万年間は自然環境に有害な物質を、どこかに捨てなければならない。しかし、どこに捨てればよいのだろう。例えば不燃ゴミと一緒に埋立地に積むことはできない。もし地震が起きて、容器が壊れ、放射性廃棄物が周囲に漏出すれば、周囲の自然環境は汚染される。津波に呑まれてしまったら、海洋一帯が汚染される。あるいは、テロリストに奪われ、兵器へと転用されてしまうかもしれない。しかもその可能性を一〇万年間にわたって考慮しなければならないのである。

こうした特性を持つため、放射性廃棄物の処理には大きく分けて二つの方法が考案されている。一つは、地表貯蔵であり、特定の施設で放射性廃棄物を管理することである。この方法は、直接的に人間が監視・コントロールできるため、短期的には安全性が高い。しかし、どう考えてもそうした管理を一〇万年間にわたって続けるわけにはいかない。その上、原子力発電を続ける限り放射性廃棄物が排出され続けるのであって、いつまでも地表貯蔵を続ければ施設が逼迫《ひっぱく》し、いつか対応不能になるだろう。

これに対して、長期の安全性を確保しようとするなら、人間の手の及ばない地中深くに施設を設け、そこに廃棄物を半永久的に封印することが合理的であるように思える。これが、深地層処分と呼ばれる方法であり、またそうした処分が行われる施設を最終処分場と呼ぶ。

現在、放射性廃棄物処理の手法としては、この深地層処分がもっとも有効であると考えられている。[*7] ただし、そのように認識されているにもかかわらず、最終処分場の建設は世界的にもほとんど進んでいない。その理由は、そもそも最終処分場を建設できる場所を見つけることが極めて困難であるからだ。

当然のことながら、最終処分場が建設されるのは、深い地層であればどこでもよい、というわけではない。そこは、少なくとも一〇万年間にわたって放射性廃棄物を安全に管理できなければならない。その間に極端な地層環境の変化や、災害が生じる場所には建設できない。それゆえ、火山やプレートの付近は建設候補地に含めることができず、その時点で場所はかなり限定される。

さらに、最終処分場が建設されたら、基本的には二度と場所を移すことはできない。したがってその土地に住む住人は永久に最終処分場とともに生きることになる。言うまでもなく、最終処分場の建設は住民の生活に大きな影響を与えるだろう。そうである以上、最終処分場の建設は住民の理解と合意なしには不可能である。

だ。

（二）最終処分場を建設する難しさ

手っ取り早く物事を先に進めるなら、国が独断的に「ここに建設する」と宣言し、そこに建設してしまえばいい。しかし、このようなやり方はあまりにも専制的であり、不適切だ。

ＯＥＣＤ（経済協力開発機構）の原子力機関（ＮＥＡ：Nuclear Energy Agency）は、二〇一〇年、最終処分場の立地選定のアプローチとして、「決定、公表、防御（decide, announce and defend）」によるトップダウン型の意思決定から、「参加、交流、協力（engage, interact and co-operate）」のボトムアップ型の意思決定への転換の必要性を訴えた。[*8]最終処分場を建設するのであれば、建設候補地に住む人々からの理解と合意が不可欠である。また住人たちも、国家が独断で決めたことだからと受け身の態度を取るべきではなく、より望ましい形で最終処分場が建設されるよう、当事者として問題に関わっていくことが求められている。

二〇二二年現在、日本では最終処分場の建設へ向けて、候補地の選定が進められている。候補地に応募した地方自治体は、電源三法[*9]に基づき、応募から六年間の調査期間に最大で九〇億円を補助金として得ることができる。さらに、その後に実際に建設が始まると、これを超える額の補助金が交付され続ける予定である。[*10] 補助金の財源は国が電力会社から徴収している電源開発促進税であり、事実上、国民の電気料金から捻出されることになる。しかし、これまで複数の地方自治体が最終処分場の候補地に応募しようとしたが、その全てが住民からの強い反発にあって棄却されてきた。

住民が反発するのにはいくつかの理由がある。その一つが、専門家への不信感だ。住民が最終処分場の建設を受け入れることができるためには、最終処分場が安全であることを信じられなければならない。しかし、住民は原子力の専門家ではないのだから、その安全性を自分で判断することができない。したがって、専門家が最終処分場の安全性を説明し、住民を説得する構図になる。ところがその専門家の言葉が信じられないのであれば、物事が前に進まないのは自明である。

最終処分場の建設に向けた候補地選定は、原子力発電環境整備機構（NUMO）という組織によって担われている。NUMOは、候補地の住民からの理解を得るために、対話型説明会と呼ばれるイベントを行っている。そこでは、地域の住民が集められ、専門家が地層処分について解説したのち、専門家と住民の間で質疑応答が交わされる。こうした対話の機会が重要なのは言うまでもない。しかし、皮肉なことに、こうした専門家による説明がかえって住民からの不信感を買うことにもなっている。なぜなら、人間の自然な感覚に従えば、一〇万年も先の未来のことなど分かるはずがないのに、安全だと言い切ってしまっているように見えるからだ。[*11]

また、たとえ最終処分場が安全であり、それが日本社会にとって必要だということが理解されていても、「なぜそれをわざわざ私の町に建設しなければならないのか」という抵抗感が生じ得る。最終処分場に限らず、公共のためには明らかに必要であるものの、当事者に対して一定の損害を与える事業に対して、全ての人が、自分以外の誰かがその事業に関わればよいと考える結果、事業が進まなくなってしまう事態を、「NIMBY問題」と呼ぶ。NIMBYとは、「Not In My Back Yard」の略であり、「私の家の裏庭ではやめて欲しい」という心理的抵抗を意味する。最終処分場の建設をめぐる議論の中でよく使われる概念である。[*12]

（三）もし国家が滅亡したら？

最終処分場の建設をめぐっては、他にも厄介な問題が潜んでいる。それは、最終処分場を管轄する国家が、一体どれだけの期間にわたって存続することができるのか、ということとだ。

もしも将来、最終処分場の建設を受け入れる自治体が現れ、実際に建設が開始されたとしよう。その自治体に対して国は継続的に補償を行うことになる。しかし、それはいつまで続くのだろうか。普通に考えれば、その最終処分場が機能し続ける間、つまりその施設で放射性廃棄物の放射線量が自然放射線レベルに下がるまで、ということになるだろう。しかし、それには一〇万年の歳月がかかる。では、一〇万年にわたって、国が自治体に補償をし続けるのだろうか。普通に考えて、それは不可能だ。なぜなら、国家が一〇万年間も存続できるはずがないからである。*13

したがって、自治体に対する国からの補償は、最終処分場の機能が停止するよりも前に、打ち切られると考えるのが自然である。同時にそれは、そこに高レベル放射性廃棄物が眠っている間に、その管理を担う国家が変遷または消滅する可能性がある、ということを意味する。

例えば、最終処分場が無事に建設されたあと、二〇〇〇年が経過し、世界規模の戦争が起き、残念ながら日本は滅亡して別の国になったとしよう。国内の文化は急速に変化し、日本語は話されなくなり、誰もかつての日本との間に連続性を感じなくなってしまう。しかし、それでも、最終処分場は依然として存在する。このとき、新しい国が最終処分場の管理を継承し、その責任を果たす保証はない。

もっと悪いシナリオを考えることもできる。もしも戦争のあと、日本列島が誰も住むことのできない荒野と化し、文字通りに無人島になってしまったら、最終処分場は誰からも管理されなくなってしまう。もしかしたら、放射性廃棄物を武器に転用するために、テロリストが最終処分場を掘り返しに来るかもしれない。そのとき、それを防ぐ手立ては存在しない。

あるいは、それからさらに一〇〇〇年の時が経ち、かつて日本だった無人島を領土とする新国家が誕生したとしよう。この新国家にはぜひとも最終処分場の管理責任を引き継いで欲しいが、それは容易ではないだろう。なぜなら、その頃にはもはや日本語が使われていないかもしれないからである。日本語で書かれた行政文書やマニュアルが奇跡的に保存されていたとしても、それは役に立たないだろう。

視点を変えれば、ここから別の問題を指摘することもできる。現在、日本で将来の最終処分場にかかる費用は、電気料金の一部として徴収され、貯蓄されている。つまり現在世代であり、日本国民である私たちが、一〇万年先の安全のためにお金を払っている。しかし、仮に数千年後に日本が滅ぶのだとしたら、最終処分場を建設することの利益の大半は、その後に誕生する新国家が享受することになる。このとき私たちは、もはや日本人ではない未来世代のために、つまり外国人のために電気料金を支払っていることになる。

もちろん、だからといって、最終処分場を建設しなくてよいとか、そのための費用が徴収されるべきではない、と言いたいわけではない。私たちが認識する必要があるのは、国家が最終処分場を建設するとき、最終処分場よりも先に国家が滅亡する可能性を前提にしなければならない、ということだ。そして、最終処分場の建設をめぐって私たちが責任を担うべき未来世代は、同じ国民ではなく、外国人である可能性が高いのである。

(四) 理論を応用して考える

未来倫理の問題として、気候変動と比較して放射性廃棄物処理の問題が大きく異なるのは、それが特定の場所において生じる、ということだ。最終処分場は、常にある国の、ある地域の、ある自治体に建設される。もちろん最終処分場で何らかのトラブルが起きれば、その影響は国際的な規模にまで拡大するかもしれない。しかしそうしたトラブルの可能性を無視するなら、未来世代への影響として考慮するべきなのは、その処分場が建設される個別具体的な土地の未来であり、そこに住む人々、その土地とともに生きる人々の未来である。

トラブルが起きない限り、放射性廃棄物の最終処分場が未来世代に対して物理的なダメージを与えることはない。例えば、そこに最終処分場が存在することによって、資源が枯渇していったり、人々が被曝《ひばく》して病死したりすることはない。もしも影響があるとしたら、それはむしろ意味の次元においてである。その土地の歴史的・文化的・社会的な文脈に、それまで存在しなかった最終処分場の存在が付け加わることで、その土地の物語が書き換えられることになる。そうである以上、私たちは未来世代への責任として、そうした物語の変容について配慮するべきだろう。そして、このような共同体の物語への配慮を説明できる理論として、共同体主義とケアの倫理が、この問題を考える上では有効である。

共同体主義の立場から考えるなら、人間は超越的な共同体に帰属しているのであり、その共同体の物語が未来にわたって破綻しないものであることが、何よりもまず重要である。一般的に、最終処分場の建設にはおよそ一〇〇年間の歳月がかかると言われている。それだけの巨大な事業が興るのだから、建設地の付近には、多くの建設業者が流入してくるに違いない。少し思考実験をしてみよう。建設業者たちは、そこに居を構え、家族を設け、新しい共同体を作るかもしれない。周辺には病院が建てられ、学校が建てられ、商業施設が出現するかもしれない。そうなれば、否応なく、その土地の共同体の物語は更新されることになる。

ではその後に立ち現れる共同体は、その土地の物語を、どのように継承するのだろうか。どのように歴史を語り継げば、未来に生きるその土地の人々は、自分の人生を統合的に理解することができるだろうか。共同体主義はこのような問題に向かい合うことを私たちに要求するのである。

また、ケアの倫理の立場から考えるなら、私たちは子どもたちに対して、その土地が「心配いらない居場所」であることを約束する責任を抱えている。最終処分場が建設され、町の姿が変わっていく光景を前にして、大人は子どもたちにどんな説明をするべきなのだろうか。変化が避けられないにしても、どのような変化であれば、子どもたちへのケアを果たすことができるのだろうか。いつかその土地を故郷とし、子どもの頃の記憶とともに最終処分場が建設される様子を思い出す未来世代にとって、それは幸福な情景なのだろうか。そうした視点も無視することはできない。

前述の通り、国は最終処分場の建設地となる自治体に対して、莫大《ばくだい》な額の補助金を約束している。もちろんそれは必要なことかもしれない。しかし、補助金を給付するだけに留まり、その土地の物語に対するケアを怠るのならば、それは大きな問題である。そのようなことを些事《さじ》として放棄すれば、その土地に生きる未来世代は、アイデンティティの確立に失敗するかもしれない。だからこそ、どのようなプロセスで建設し、どのように住民に説明し、どのようにその土地の歴史と連関させ、そしてどのように未来に記憶を継承していくのかが、熟慮されなければならないのだ。

ゲノム編集

最後に、生殖細胞へのゲノム編集について考えてみよう。ゲノム編集とは人間の遺伝子を自由に設計し、これから生まれてくる生物をデザインする技術である。気候変動や放射性廃棄物処理の問題と比較したとき、ゲノム編集が持つ大きな特徴は、それが人間を取り巻く環境を変化させるものではなく、人間の身体に直接介入するものである、ということだ。

（二）ゲノム編集とは何か

ゲノムとは、「遺伝子 gene」と「染色体 chromosome」を合成した言葉であり、人間のＤＮＡの全ての遺伝情報を指す概念である。こうした遺伝情報のうち、特定の塩基配列を人為的に変化させ、細胞の性質を変える技術が、ゲノム編集である。

ゲノム編集の技術を急速に進歩させたのは、二〇一二年に開発された「クリスパー・キャスナイン CRISPR-Cas9」という手法である。従来よりもはるかに正確かつ効率的なこの手法は、ゲノム編集の実用化への道を切り開くことになり、その発案者は二〇二〇年にノーベル化学賞を受賞している。この技術を応用すると、筋肉を肥大化させて可食部を増やした食用魚や、通常とは異なる色合いの花を作ることができる。そして、この技術の活用方法として大きな関心を集めているのは、人間に対する応用である。

ゲノム編集の用途は大きく分けて二つある。一つは、人間が抱える疾病を治療・予防することであり、もう一つは、人間の身体を強化することである。後者について、具体的には筋肉の肥大化、知的能力・感覚能力の強化、肌・瞳・髪などの色の変更などが挙げられ、これらは「エンハンスメント enhancement」と呼ばれている。

また、人間に対するゲノム編集を理解する上では、それが体細胞に対して行われるのか、生殖細胞に対して行われるのか、ということも区別しなければならない。ここでいう生殖細胞とは、精子・卵子・胚《はい》などだ。

両者の違いは、操作の影響がどのくらい残り続けるのか、ということに関わる。体細胞に対するゲノム編集の影響は、遺伝子を操作された当人の生涯に限定される。言い換えるなら、その人が子どもを産んでも、その子どもに対して影響が継承されることはない。それに対して、生殖細胞に対してゲノム編集が行われると、その影響は、遺伝子を操作された当人の生涯を超え、その子どもの子ども、さらにその子どもへと、無限に継承されていく。つまり、生殖細胞へのゲノム編集は未来世代の身体に対して遺伝子的に働きかけることになるのである。

ただし、現在のゲノム編集技術には多くの不確実性が伴う。

ゲノム編集は、何らかの性質や効果を持った細胞を作るため行われる。ある効果を狙って遺伝子を操作した個所を、「オンターゲット」と言う。それに対して、そうした操作の過程で、意図せずに狙った効果とは関係のない遺伝子を変えてしまうことがある。このような個所を「オフターゲット」という。

また、ある細胞の性質変化を狙って遺伝子を操作したとしても、全ての細胞が同じように性質変化を起こすとは限らず、同一個体内にさまざまな遺伝子型の細胞が存在してしまうことがある。この現象を「モザイク」と呼ぶ。

オフターゲットやモザイクは、場合によってはゲノム編集された生命に対して致命的な問題を引き起こす可能性がある。特に、操作する遺伝子が複雑になればなるほど、そのコントロールは困難になり、問題を引き起こすリスクを高めることになる。その上、生殖細胞に対してゲノム編集した場合、そうした問題が現在においてではなく、未来において発現する可能性もある。つまり、こうしたリスクを理解せずに生殖細胞へのゲノム編集を行うと、未来世代に対して重大な遺伝子異常を引き起こし、その生命を傷つけることになりかねないのだ。[*14]

こうした観点から、日本では長きにわたって倫理指針によって生殖細胞へのゲノム編集が規制されてきた。

(二) ゲノム編集されて生まれた子ども

二〇一八年、生殖細胞へのゲノム編集をめぐって衝撃的な事件が起きた。中国の研究者である賀建奎《がけんけい》が、ゲノム編集されたヒト胚から双子の子どもを誕生させたのである。

賀が試みたのは、一言で表せば、HIV（ヒト免疫不全ウイルス）にかからない子どもを作ることだった。その理屈はこうである。HIVの感染にはCCR5という受容体たんぱく質の遺伝子が密接に関係している。HIVはCCR5を経由して細胞に感染するのであり、このときCCR5は感染を可能にする「入口」の役割を果たす。換言すれば、CCR5が遺伝子異常を起こし、機能不全に陥れば、HIVが細胞に感染することはできなくなる。そのため、ゲノム編集によってCCR5を人為的に変異（ノックアウト）させることで、HIVに対して耐性を持った個体を作れば、理論上はその子どもはHIVにかからなくなる。

賀は、倫理審査書類を捏造《ねつぞう》し、HIV保因者の夫と、そうでない妻からなるカップルを八組募集し、その受精卵にゲノム編集を行った。その結果、二人が妊娠し、そのうちの一人が双子を出産した。この双子は、世界で初めて、生殖細胞をゲノム編集された子どもとして、この世界に誕生したのである。

賀のこの研究は世界中から多くの非難にさらされることになった。そもそも、親がHIV保因者だからといって、生殖細胞へのゲノム編集だけが子どものHIV感染を防ぐ唯一の方法ではない。つまり賀は、実験の遂行を優先するために、本来行う必要のなかったゲノム編集を行ったことになる。その上、彼が行った遺伝子操作は極めてリスクの高い行為である。CCR5をノックアウトすることによって、その子どもの将来にどんな影響が生じるのかは、現在においては完全に予見することができない。もしかしたらその子どもは、CCR5が正常に機能していれば感染せずに済んだ、別の感染症にかかりやすくなるかもしれない。

史上初のゲノム編集されたヒト胚からの子どもの誕生という出来事に加え、それが国際会議の場で発表されたこともあり、その報《しら》せは世界を震撼《しんかん》させた。多くの国々の学会・研究機関で、賀の行為に対する批判が表明され、生殖細胞へのゲノム編集に関する危機感を露にされた。*15

しかしその一方で、この出来事と前後して、生殖細胞へのゲノム編集に対する認識の再検討の機運が高まった。*16 もちろん安全性が確立されていない状況でゲノム編集された子どもを出生させるべきではない。しかし、子どもの出生に結びつかない形であれば、ゲノム編集の研究をすること自体は許容できるのではないか。重要なのは、許容できる操作とそうでない操作を区別する明確な基準を設けることであり、またそれと連関して法や手続きを整備することなのではないか。その線引きをめぐる議論が活発に交わされることになったのである。

(三) 生殖細胞へのゲノム編集の倫理的課題

ゲノム編集された生殖細胞の扱い方には、大きく分けて二つの種類がある。一つは、その生殖細胞をヒトや動物に移植せず、あくまでも実験のための試料としてのみ用いる、というものである。この場合には、生殖細胞をゲノム編集しても、それが子どもとして出生することはない。これを基礎的研究と呼ぶ。もう一つは、その生殖細胞をヒトや動物に移植するものであり、この場合には新しい個体が出生する可能性がある。これを臨床利用と呼ぶ。

賀が行ったのは臨床利用である。それに対して、基礎的研究であれば、そこから子どもが出生するわけではないのだから、未来世代への影響を考える必要もない。そうであるとするならば、厳格なルールのもとであれば、基礎的研究は認められると考えられる。こうした観点から、二〇一九年、日本では生殖細胞に関する基礎的研究が容認されることになった。

賀の事件は、生殖細胞へのゲノム編集の規制に、明確な基準が必要なことを意識させた。それは、一方では許容され得ないゲノム編集技術の応用を明確化しつつ、他方では許容可能な応用方法を明確化することになった。「やってはいけないこと」を定めることは、「やってもよいこと」を定めることにもなったのである。

もちろん、このように世の中の動向が変わることには何の問題もない。しかし、そうした基準が明確な根拠に基づいていなければ、それは恣意的に拡大解釈され、場合によっては都合のいいように再設定されてしまうかもしれない。「やってもよいこと」の範囲を正当に限定するためには、「やってはいけないこと」が、なぜやってはいけないのかを、明確に説明できなければならないのだ。*17

このような要請に応えるべく、二〇二〇年に日本学術会議によって発表されたのが、「人の生殖にゲノム編集技術を用いることの倫理的正当性について」と題された提言である。この提言では、現段階において、生殖細胞へのゲノム編集が抱えている倫理的な課題が列挙され、それに対して研究がどのように規制されるべきかが論じられている。

提言の姿勢は明確である。「人の生殖にゲノム編集を用いることに関しては、人の尊厳、優生思想や社会的差別、次世代への影響など看過できない問題が山積しており、倫理的正当性を認めることはできない」[*18]。すなわち、ゲノム編集の臨床利用は倫理的に許容されない。重要なのはその理由だ。

この提言ではその理由が三つの観点から説明されている。第一に、尊厳の問題、第二に、優性思想や社会的差別の問題、そして第三に、次世代への影響の問題である。

尊厳とは、一言で表せば、人間を単なる物から区別する価値である。物は手段や道具として扱うことができる。しかし人間を単なる手段や道具として扱うことは許されない。それは、人間が誰しも自分自身のために存在しているからだ。こうした尊厳を無視して他者を自分の都合のいいように利用することは、倫理的に許容できない。例えば、有益な研究結果を得るために人体実験を行い、その結果として健康な被験者を死なせることは、被験者の尊厳を踏みにじることであり、許されないのである。

生殖細胞へのゲノム編集を臨床利用すれば、必然的に、被験者となる親や子どもが実験の対象になる。親は実験に同意するかもしれないが、子どもは自ら同意することなく実験対象として生まれてくる。しかもその子どもは、恐らく生涯にわたって、実験対象として生きることを余儀なくされる。これは、他者の人生を手段として扱うことを意味し、その尊厳を踏みにじる恐れがある。

次に、優性思想とは、より望ましい性質を持った子どもを出生させるために、あるいは、より望ましくない性質を持った子どもを出生させないために、生殖に対して意図的に介入すべきであるとする考え方である。優性思想は、障害者や性的マイノリティに対する強制不妊手術をはじめとして、人類の歴史に多くの惨禍をもたらしてきた。提言では、「生殖の決定は国家ではなく親の自主性と個人の判断に委ねられて」いるとし、「改善が一種の義務と見なされるとすれば、現に生きている障がい者や難病者に対して生まれてくるべきでなかったというメッセージを送ることにもなりかねない[*19]」、また、「ゲノム編集による子の遺伝的改変は、妊娠・出産を引き受ける女性に疾患や障がいをもつ子を産まないようにと迫る優生学的な強制力となりうる[*20]」と述べられている。

最後に、未来世代への責任についてはどうか。それは次のように述べられている。

生殖に関するゲノム編集技術は生まれてくる子だけではなく、さらにその子の子孫にも影響を及ぼす。それゆえ現在世代の自己決定権を基礎とする従来型の生命倫理の論理だけでは十分な対応はできず、未来世代に対する倫理的責任も考慮する必要がある。[*21]

つまり、生殖細胞へのゲノム編集は、遠い未来の世代にまで影響を与える。しかし、その影響をどう考えるべきであるかは、従来の倫理学では十分に対応できない。したがってゲノム編集の臨床利用は時期尚早である、ということだ。

未来世代への責任に関するこの最後の記述は、それまでの尊厳や優性思想の観点からなされる批判に比べると、やや精彩を欠くように見える。未来世代に対する倫理的責任が何であるかは明示されず、それはただ、現在世代中心の倫理学とは異なるものである、と述べられているだけだからだ。

では、ここで示唆される未来世代への責任を、どう考えるべきなのか。本書で紹介したいくつかの理論を応用して考えてみよう。

(四) 理論を応用して考える

未来倫理の問題として考えるとき、ゲノム編集をめぐる問題の大きな特徴は、それが人間の外部にある環境に影響を与えるのではなく、人間自身の性質を変容させる、という点にある。したがって、未来世代への責任として考えられるべきことは、私たちが未来世代をどのように存在させるべきなのか、あるいはさせるべきではないのか、という観点から考えられなければならない。そしてこの問いは、失われるべきではない人間性とは何か、という問題へと私たちを直面させることになる。第三章で紹介した理論の中で、この問題に対して回答し得るものとして挙げられるのは、責任原理と討議倫理だろう。

責任原理は、責任の可能性への責任として、人類の存続への義務を基礎づけ、ここから未来世代への責任を要請するものだった。したがって、未来世代はただ生物として存在するだけではなく、責任の可能性を担う存在として、つまり責任の主体として存在することを要請される。そうである以上、もしもゲノム編集によって人間から責任能力が奪われる事態が生じるとしたら、そのような出来事はあくまでも回避されなければならない。

一方、討議倫理の観点から考えるなら、どうなるだろうか。討議倫理においては、未来において実現されるべき理想的コミュニケーション共同体の実現のために、現実的コミュニケーション共同体が漸次的に改善されることが要請される。そして、この要請の可能性の条件として、そもそも現実的コミュニケーション共同体が存続すること、つまり人類が存続することへの責任が要請される。ただしここでいう人類とは、それがコミュニケーション共同体を担うべき存在である以上、コミュニケーション能力を持つ存在でなくてはならない。したがって、未来世代からコミュニケーション能力を奪うゲノム編集は、倫理的に許されないことになる。

責任能力にせよ、コミュニケーション能力にせよ、そうした能力がゲノム編集によって奪われるという事態などあり得ない、と思われるかもしれない。しかし、例えばオルダス・ハクスリーのSF小説『すばらしい新世界』[*22]では、それを連想させるような場面が描かれている。この作品では、高度なテクノロジーによって支えられた全体主義的官僚国家が舞台となり、生殖は全て機械によって管理されている。人々は階級によって差別されており、低い階級に割り当てられる子どもは、新生児の段階で血液にアルコールが注射され、意図的に知能や身体能力を低下させられ、意思疎通できない人間にされる。その上で、世間から忌避されるような厳しい労働が課せられる。同様のことはゲノム編集によっても実現することができるだろう。そしてそれは、たとえそれによってどれだけ社会に利益がもたらされるのだとしても、倫理的に許されないのである。

反対に、知能を高度化することも、人々から責任能力やコミュニケーション能力を奪うことになりかねない。なぜなら、例えば記憶力や集中力をゲノム編集で向上された人がいるとして、その人が何らかの行為をしたとき、その行為の結果の原因はその人自身にあるのか、それともその人をゲノム編集した親や医師にあるのかが、曖昧になるからである。たとえ高い知能によってよい成果をもたらすことができても、それがその人の功績か否かは確定できない。それに対して、責任能力とは、自分の行為の結果を自分が引き受けることであり、コミュニケーション能力とは、自分が話したことを自分が話したこととして引き受けることを必要とする。ゲノム編集によるエンハンスメントは、こうした条件を破壊するのである。

各課題のまとめ

これまで、未来世代への責任が問われることになる典型的な課題として、気候変動、放射性廃棄物処理、生殖細胞へのゲノム編集について紹介してきた。これらはいずれも現代社会が直面している深刻な社会課題であり、さまざまな分野の人々によって協力して取り組まれなければならない。それに対して哲学ができる寄与とは、未来世代への責任をどのような原則に基づいて考えるのか、どのように説明すれば多くの人から納得してもらえるのかを、概念の次元から考えることだろう。

本章では、三つの課題を考えるにあたって、どのような理論に基づいて考えるかによって、どのように議論が変化するのかを眺めてきた。第三章で述べた通り、未来倫理は一枚岩ではなく、そこには多様な考え方がある。そして、どのような課題に取り組むかによって、どの理論が適しているのかも変わってくるのである。

最後に、大摑《おおづか》みに、各課題の特徴を次頁の表の通りにまとめてみた。各項目について、関係が深いものに「◎」、関係の浅いものに「△」、その中間にあたるものに「○」をつけている。

グローバル性について、気候変動は地球規模の影響をもたらすため「◎」、放射性廃棄物処理については、漏出事故が起きれば国境を越えた影響が生じるものの、基本的には特定の地域の問題になるため「○」、ゲノム編集は基本的に国内の問題になるため「△」としている。

被害が生じるリスクについて、気候変動は極めて高い確率で問題が起きるため「◎」とし、放射性廃棄物処理および生殖細胞へのゲノム編集は、慎重に運用すれば被害を回避することも技術的に可能なため「△」とした。

被害を受ける人の数は、気候変動が明らかにもっとも大きいため「◎」とし、放射性廃

未来世代への影響が問われる社会課題の特徴

	気候変動	放射性 廃棄物処理	生殖細胞への ゲノム編集
グローバル性	◎	○	△
被害が生じるリスク	◎	△	△
被害を受ける人の数	◎	○	△
被害の長期性	○	○	◎
個人への影響	△	○	◎

棄物処理はそれよりも少ないため「○」、ゲノム編集は基本的に個人単位で被害が生じるため「△」とした。

被害の長期性について、ゲノム編集で遺伝子異常などの問題が起きた場合、二度と修復できない可能性があるため「◎」、放射性廃棄物の事故が起きた場合、放射線量が自然放射線レベルにまで低下するのに一〇万年かかるため「○」、気候変動の場合には数万年かければ自然修復し得るとされているため「○」とした。

最後に、個人への影響については、気候変動によって生じる個人への影響は間接的であるため「△」とし、放射性廃棄物処理について、事故によって被曝することによる健康被害を考慮して「○」とした。ゲノム編集は、問題が生じるとしたら常に個人に対してしか生じず、またそれはその人の生涯にわたって被害を及ぼし続けるため「◎」とした。

もちろん、このような整理はあくまでも大摑みなものである。しかし、一言で未来世代への影響といっても、その現れ方は全く異なるのだ。こうした違いを考慮し、それを考えるのに適した理論を応用しなければ、説得力のある解決策を提示することはできないだろう。

第五章　未来倫理は未来を予見できるのか？

前章では、未来倫理の典型的な課題として、気候変動、放射性廃棄物処理、ゲノム編集を取り上げた。もちろんこれらだけが未来倫理の課題の全てではない。第二章で述べた通り、そうした課題は、人間と自然の関係をめぐる歴史的な帰結として発生している。だからこそ、私たちがまだ知らない、全く新しい課題が、これからも次々と出現してくると考えるべきだ。

けれども、課題が出現するのをただ受動的に待っていたら、有効な解決策を講じるタイミングを逸してしまう。それによって未来世代への脅威の回避が手遅れになってしまうかもしれない。そうならないためには、私たちは能動的に課題を発見し、定義していく必要がある。すなわち未来倫理は未来を予見することができなければならないのだ。

しかし、未来を予見する、などということが、果たして可能なのだろうか。本書の最終章では、この問題について検討し、未来倫理の実践に向けた道筋を模索してみたい。

テクノロジーと社会

第二章で述べたように、未来世代への脅威は、人類のテクノロジー――「自然の支配」を試みる技術のあり方――が自然の自己修復能力を凌駕する力を獲得したことによって可能になった。したがって、ここで求められている未来の予見は、未来のテクノロジーがどのように課題を引き起こすのか、という観点から考えられなければならない。

ここで注意するべきなのは、どのような事象であっても、それ自体で課題なのではなく、誰かがそれを課題として定義することで、初めて課題になるということだ。例えば気候変動は、ただそれだけであれば単なる自然現象であって、まだ課題ではない。それが課題として定義されるのは、気候変動によって誰かが困るから、具体的には住む場所や仕事が奪われる人がいるからなのである。

そのため、テクノロジーが未来世代にどのような脅威をもたらすのか、ということは、テクノロジーが社会にどのような影響を与えるのか、という観点から考える必要がある。

ただし、テクノロジーと社会の関係はそう単純ではない。確かにテクノロジーが社会に影響を与えることはあるが、しかし、テクノロジーもまた社会の構造によって影響を受けるからだ。

では、テクノロジーと社会はどのような関係にあるのだろうか。まず、この問題から考えてみよう。以下では、こうした関係を説明する理論として、技術決定論、社会決定論、社会構成主義という三つの考えを紹介する。

(一) 技術が社会を決定する——技術決定論

技術決定論とは、文字通り、技術が社会を決定する、という考え方である。新しいテクノロジーが作り出され、それが社会に普及していくと、それまでの社会のあり方はテクノロジーによって変容する。つまり、私たちの社会のあり方は、その社会がどのような技術によって支えられているかによって、条件づけられているということだ[*1]。

例えば鉄道という技術について考えてみよう。鉄道は、それまで人類の社会で支配的だったさまざまな交通手段と比較して、はるかに高速に、はるかに広域に、はるかに大量に、人や物を輸送することができた。だからこそ鉄道は世界中に拡散し、さまざまな社会の中に同一の技術的な手段をもたらすことになった。

鉄道の普及は、社会のあり方を大きく変えることになった。鉄道が町から町への移動手段として一般化し、それによって物流や通勤が支えられるようになると、人々は鉄道の時刻表に合わせて行動することを余儀なくされた。それは人々の時間感覚を変え、生活のリズムを刷新していったのだ。

鉄道が普及する前、人々は日が昇ってから活動を始め、暗くなったら家に帰っていた。しかし、鉄道が普及し、それが社会の細部にまで浸透していくと、人々は鉄道の時刻表に合わせて生活することを余儀なくされていった。何時何分に起きて、何時何分には家を出て、何時何分の鉄道に乗るという、分刻みのスケジュールを立てなければならなくなった。

そのように時間感覚が更新されるのにつれて、「遅刻」が社会における許されない悪徳として浸透するようになった。やや乱暴な言い方をするなら、「遅刻」は鉄道というテクノロジーによってもたらされた規範的な概念なのだ。このようにして、鉄道は交通手段を変えるだけではなく、社会の価値観をも変えてしまったのである。*2

こうした技術決定論の立場をもっとも鮮烈に打ち出した哲学者に、カール・マルクスがいる。マルクスは、産業技術によって生産力や生産関係が決定されると考え、蒸気機関によって資本主義が成立した、と主張した。[*3] また、テクノロジーのうちに現代社会の運命を洞察したマルティン・ハイデガーも、技術決定論の立場に属する者として挙げられるだろう。[*4]

（二）社会が技術を決定する——社会決定論

技術が社会を決定すると考える技術決定論に対して、反対に、社会が技術を決定するという立場もあり得る。それが社会決定論と呼ばれる考え方だ。

もし、技術決定論が想定するように、技術が社会を決定するのなら、ある技術はそれが用いられる社会を一様にするはずである。例えば、鉄道が普及する社会は、どの国であっても同じような姿をしていることになる。もちろん実際にそうした事例はあり得るだろう。しかし、全ての技術がそのような形で普及するわけではない。

社会決定論を正当化する典型的な例として挙げられるのは、鉄砲である。鉄砲が日本に伝来したのは一六世紀のことである。当時、戦国時代であった日本社会で、鉄砲はすぐに多くの武将の目に留まり、合戦に投入された。武田勝頼を破った織田信長は、当時のヨーロッパ社会で使用されていたよりも、はるかに大量の鉄砲を製造し、戦場に投入したという。日本においてこそ鉄砲は紛れもなく戦争の主戦力になった。
しかし、江戸幕府が開かれると、今度は一転して鉄砲は全く使われなくなっていった。鉄砲の用途は狩猟などに限定され、鉄砲の製造権は幕府によって独占された。それによって、日本において鉄砲は進歩しなくなり、幕末において西洋の火器と比べて大きく後れを取ることになる。*5

このように、鉄砲という同じ技術であっても、それがどんな国で、どんな社会で使われるかによって、使われ方が全く異なるのである。それは言い換えるなら、日本の社会が鉄砲という技術によって決定されたのではなく、反対に、鉄砲という技術のあり方が日本の社会によって決定されているということだ。このような事例は、社会が技術を決定する、という社会決定論の立場からしか、十分に説明することのできないものである。

技術決定論と社会決定論は真っ向から対立する。それではどちらが正しいのだろうか。結論から言えば、それはどのような技術について考えるかによって、変わってくる。技術決定論が適切であるような事例もあれば、社会決定論が適切であるような事例もあるだろう。しかし、技術と社会の関係を捉えようとする見方は、これだけに尽きない。

（三）技術と社会は補完し合う――社会構成主義

技術決定論と社会決定論は、ある意味では、技術と社会の関係を一面的に捉えるものである。なぜなら両者はともに、技術と社会を切り離して考えることができる、ということを前提にしているからだ。技術決定論は、技術が社会を決定すると考えている以上、技術そのものは社会から影響されないという前提に立っている。また社会決定論は、反対に、社会そのものは技術から影響されないという前提に立っている。しかし、これは本当だろうか。

このような見方に異を唱え、むしろ技術と社会の関係を密接に相互連関するものとして説明するのが、社会構成主義と呼ばれる立場である。

社会構成主義について論じられる際、しばしば例に挙げられるのが、アメリカのロングアイランドの橋である。ロングアイランドはニューヨークの保養地として知られており、その地を訪れるためには橋を通らなければならない。しかし、その橋の車の高さ制限は非常に低く設計されており、大型のバスはその橋を通過できないようになっている。

なぜ、設計者はわざわざそうした制約のある橋を設計したのだろうか。ラングトン・ウィーナーによれば、それは大型バスの通過を妨げることで、自家用車を所有できない低所得者層、具体的には黒人たちをロングアイランドから排除するためだという。つまり、アメリカ社会に根づく黒人差別が、ロングアイランドの橋という技術的な構造を規定しているということだ。[*6]

この事例を技術決定論や社会決定論で説明できるだろうか。ロングアイランドの橋は、黒人差別という社会的な要因によって設計されているのだから、技術が社会を決定しているとは言えない。しかし、そうした黒人差別は、橋によって強化され、再生産されているのだから、そうした社会的な要因が技術的な要因から自由であるとも言えない。つまり、社会が技術を決定しているとも言えない。むしろ、両者は相互に連関し合い、互いを条件づけることによって、初めてロングアイランドの橋が成立しているのである。

このように、社会構成主義の立場に従うと、技術と社会の相補完関係を説明できるようになる。例えばロングアイランドの橋の例には、黒人差別という不正義が反映されているが、しかし、誰かが黒人に対する憎悪を言葉で表現しているわけではない。「黒人はロングアイランドに来るな！」と叫ばれているわけではない。ただ、黒人がロングアイランドに来ることができないよう、技術的な設計が行われているのである。そしてそうした設計は、ヘイトスピーチによって黒人を差別するよりも、はるかに効率的に、黒人差別を実現してしまう。その橋を利用して白人がロングアイランドにやってくるとき、白人たちは自分が黒人差別に加担していることに気づかない。そして、それに気づかせないことによって、黒人差別はより根深く、解消することが困難なものになっていくのである。

(四) 網羅的に課題を発見する

未来倫理が取り組むべき課題は、テクノロジーによる社会への影響に基づいて、発見されなければならない。したがって、どのように課題を発見するか、ということは、技術と社会の関係がどのように捉えられているのかによって、大きく変わる。以下では、これまで取り上げてきた技術決定論、社会決定論、社会構成主義の三つの立場から見えてくる、課題の発見の仕方を考えてみよう。

まず技術決定論の立場に従うなら、課題は、技術が社会をどのように変えてしまうのか、という点から説明される。つまり、ある新しい技術が、その技術のせいで、社会を望ましくない形で変化させてしまうことが、課題として理解されなければならない。例えばゲノム編集を例に挙げるなら、ゲノム編集された子どもへの差別が挙げられるだろう。そうした差別は、ゲノム編集という技術が登場しなければ、社会には存在しなかったものであり、この技術によって社会が変化したことで生じる課題なのである。

これに対して、社会決定論に従って考えるなら、課題は、社会が技術をどのように用いるのかという点から説明される。つまり、ある新しい技術が、それが用いられる社会の中で、望ましくない使われ方をされてしまうことが、課題として捉えられることになる。同じくゲノム編集を事例とするなら、例えば、軍事利用がそうした課題として挙げられる。人権意識の低い国家が、強靭《きょうじん》な肉体を持つ兵士や、死に対する恐怖心を持たない兵士を作るために、組織的にゲノム編集を行うかもしれない。こうした問題は、ゲノム編集が普及すればどの社会でも起こり得るものではなく、特定の国家で、特定の権力が悪用することによって、初めて立ち現れてくるものだ。

最後に、社会構成主義の見地から考えるなら、課題は、技術と社会の相補完関係から説明されることになる。すなわち、ある新しい技術が、それが用いられる社会の中で最適化することで、その社会の望ましくない規範を強化してしまうという事態が、課題として説明される。例えば、ルッキズム（ルックスによる差別）が根ざしている社会において、ゲノム編集がオーダーメイドベイビービジネスとして産業化され、普及していくと、髪の毛や瞳の色に特化したゲノム編集技術が確立されると同時に、もともとそうした技術を要求し

課題の定義の仕方

	趣旨	課題の発見	ゲノム編集の課題の例
技術決定論	技術が社会を決定する	その技術によって社会が変化することで生じる課題は何か	ゲノム編集された子どもへの差別
社会決定論	社会が技術を決定する	その技術が社会によって望ましくない使われ方をされることで生じる課題は何か	軍事利用
社会構成主義	技術と社会は補完し合う	その技術が社会の望ましくない規範を強化することで生じる課題は何か	オーダーメイドベイビービジネス

ていたところのルッキズムは強化され、再生産されるだろう。

このように、一つのテクノロジーについて考えるのだとしても、技術と社会の関係をどのように捉えるのかによって、発見され得る課題は異なってくる。私たちが、未来世代への脅威となる課題を網羅的に把握しようとする限り、こうしたさまざまな観点から考えることが必要不可欠になるだろう。

未来をどのように予測するのか

課題を定義するとき、技術と社会の関係が重要であることは分かった。しかし、未来倫理において重要なのは、当然のことながら、未来において生じる課題である。そうである以上、私たちは不可避に未来を予見しなければならなくなる。しかし、そうした予見はどのようにして可能になるのだろうか。

現代社会は日々複雑化している。数年後のことはおろか、来年に起こることも正確に予見することはできない。それなのに、未来倫理で私たちが考慮しなければならない未来は、一〇〇年後、一〇〇〇年後、一万年後にまで及ぶ。それほど遠い未来のことを予見することなど、ほとんど不可能であるように思える。

しかし、未来において何が起こるのかが把握されていなければ、未来世代が直面し得る脅威に対応することもできないだろう。そうである以上、たとえどれほど困難であるように思えたとしても、未来の予見は未来倫理の実践にとって必要不可欠なのである。

私たちは、未来を正確に、科学的に予見することなど不可能だ、ということを認めよう。その上で、それでも未来世代に対する倫理的な配慮をするために、不完全ではあったとしても未来を予見するためには、何が求められるのだろうか。そうした予見はどのようなものである必要があるのだろうか。

（一）予測の困難さ

本書では、科学的な実証性に基づいて未来を見通すことを、「予測」と呼ぶことにする。

予測が成立するためには一つの条件がある。それは、予測される現象が何らかの法則性に基づいていなければならない、ということだ。

例えば天気予報は、現実の気象の運動の中に一定の法則を見抜き、その法則の中で気象がどのように変化するのかを予測する行為である。気象が法則に従って変化するということは、言い換えるなら天気が滅茶苦茶に変わったりしないということだ。何の前触れもなく突然雨が降ることはない。雨が降り出したのなら、その背後には常に何らかの気象的な原因がある。その原因と結果の関係を明らかにすることで、別の状況において、これから雨が降り出すか否かを判断できるようになる。これが、天気を予測するということに他ならない。

これは一般にシミュレーションと呼ばれる方法である。例えば、第四章でも取り上げた気候変動の影響の推定はシミュレーションなしには不可能であるし、交通・経済・人口など、一定の法則性に従って変化する事象に対しても同様の方法による予測が行われる。

一方で、法則性に基づかないで生じる出来事に対しては、基本的にシミュレーションを行うことができない。そして困ったことに、未来世代に脅威をもたらすような出来事、テクノロジーと社会の関係の変化は、多くの場合そうした出来事として引き起こされる。

例えばテクノロジーの進歩は新技術の発明やイノベーションによって促進される。それらは、それまで誰も思いつかなかったようなことを、突然、発明家や科学者や設計者が思いつくことによって、偶然が生み出される。そこには法則性が存在しないように見える。法則性に基づいている、ということは、同じ条件に置かれたら誰であっても同じようなものを発明できる、ということを意味する。しかし、みんながそのことに気づけたはずなのに、誰も気づけなかったことに気づけるからこそ、発明やイノベーションを引き起こした人々は称《たた》えられるのだ。エジソンと同じ環境で生活していたとしても、彼と同じようにさまざまな発明品を世に送り出すことなど、誰にもできないだろう。

だからこそ、これからどんなテクノロジーが世に送り出されるのか、どのようにテクノロジーが進歩を遂げるのかを予測することは、ほとんど不可能である。私たちには、これからどんなエジソンが出現するのか、そして未来のエジソンが何を発明するのかを、知り得ないのである。

一方で、社会のあり方の変化は、それよりもさらに予測の困難な領域であると言える。人間の価値観は、さまざまな要因の複雑な絡まり合いの中で、日々変化している。一〇〇年前の日本の価値観と、現在の日本の価値観を比較してみれば、その変化を予見することがいかに無謀なことかが分かるだろう。

もちろん、そうした社会の変化のうちにも法則性があると考える立場もあり得るかもしれない。例えば、歴史はよい方向に進歩する、と考える進歩史観がそうだ。しかし、これまでの人類の歴史を眺めれば、そうした歴史観を素朴に信じることはできない。人類は、愚行を繰り返したり、道徳的に退行したりする。しかしそうかと思えば、誰にも予想できなかった革命的な出来事が起き、私たちに希望を抱かせることも起きるのである。

政治思想家のハンナ・アーレントは、社会の変化が法則性に基づいていないように見える理由を、公的領域において活動する人間の複数性に見出した。複数性とは、人間がかけがえのない個人としてこの世界に出生し、これまで存在していた誰とも、いま存在している誰とも、そしてこれから存在するだろう誰とも異なった存在である、ということだ。人間が複数性を有するということは、人間をある法則性のもとに還元することができないということである。だからこそ人間の活動は予測不可能なのである。[*7]

したがって、未来において生じ得る課題を、まるで天気予報をするかのように予測することは、そもそも不可能である。私たちはそれを出発点としなければならないだろう。

（二）想像力を拡大すること

ただしこのことは、だから未来を予測しようとすることが無意味である、ということを意味するわけではない。科学的な実証性に基づくのとは別の仕方で、未来を予測することも可能であるからだ。それはすなわち、シミュレーションするのではなく、未来を想像するという仕方による未来の予見である。

こう言うと、それはあまりにも当たり前のことのように思えるかもしれない。しかし未来を想像するということは、一般的に思われているよりも、ずっと特別な準備と訓練を必要とする活動である。なぜなら、それがテクノロジーの未来に関するものである限り、私たちの想像力はそもそも制約されているからだ。

どういうことだろうか。

ギュンター・アンダースは、人間がテクノロジーによってなし得ることと、それに関して人間が想像できることの間に、ある奇妙な不一致がある、と指摘している。現代のテクノロジーは、これまでには考えられなかったような大きな出来事を引き起こすことができる。しかし、人間にはその出来事の全貌を想像したり、理解したりすることができない。

それは、アンダースによれば、テクノロジーに対して人間の想像力が制約されているからだ。そしてこの制約が、テクノロジーによる破局の回避を困難にさせる。人間には、目の前に破局が迫っているということを想像することができないからである。

では、どうするのか。アンダースが提案するのは、テクノロジーに対して制約されている私たちの想像力を、意図的に拡大するということである。アンダースはそうした意図的な拡大を「誇張」とも呼んでいる。平たく言うなら、テクノロジーを、それが実際にそうであるような姿よりも、極端に大きく表現するということだ。なぜなら、私たちが「実際にそうであるような姿」だと思い込んでいるテクノロジーのあり方は、そもそもテクノロジーの実際の力と一致していないからである。

アンダースは、テクノロジーによる破局を回避するために求められる拡張された想像力を、「道徳的想像力」と呼び、またそうした想像力を獲得するために芸術作品の有用性を指摘した。特に彼が注目したのはシュール・レアリスムの作品である。*8

シュール・レアリスムの作品は、決してこの世界を写実的に表現したものではない。そこでは、現実の世界では決して見ることができないようなものが描かれる。しかし、だからといってそれは現実と無関係な虚構ではない。むしろ、そうした非現実的な表現こそが、私たちの生きる現実の真の姿を描き出している、と解釈することもできる。シュール・レアリスムの作家たちは、現実の姿に囚われない表現に取り組むことによって、むしろ誰よりも真剣に現実と向かい合っている、と考えることもできるだろう。

なぜそうなのだろうか。それは、写実的に表現しようとするだけでは、私たちにはこの世界の現実を理解できないから、つまりこの世界の現実に対して、私たちの認識能力が制約されているからである。現実を、現にある通りに認識することが、現実を理解することではない。だからこそ、未来を予見することも、未来が現にある姿を予見するのではなく、その誇張された姿を想像しなければならないのだ。

同様の発想によって、テクノロジーによる破局の回避に、人間の想像力の拡張が必要である、と考えたのが、第三章でも取り上げたハンス・ヨナスである。ヨナスはサイエンス・フィクション文学の有用性を強調した。そうした作品は、未来のテクノロジーを物語に登場させるだけではなく、それが社会の中でどのように使われ、人々の価値観にどのような影響を及ぼすのかを表現する。もちろんそれは、科学的な実証性に基づく予測ではない。しかし、そうした作品を通じて、私たちは自らの想像力を拡大させ、テクノロジーの未来を少なくともより豊かに予測することができるようになるのだ。*9

ヨナスが好んで取り上げる作品に、本書でも先に言及した、オルダス・ハクスリーの『すばらしい新世界』がある。この作品で描かれる管理社会において、人々は家族を形成せず、生殖は全て機械に代替しており、不安を感じると国から配布された合法的な薬物を服用している。その国家に生きるほとんどの人々は、その生活に何の疑問も抱かず、それどころか家族という関係に吐き気にも近い強烈な嫌悪感を抱く。

この作品は、一方において未来の生殖のテクノロジーを表現しながら、同時に、それが私たちの人間関係の考え方や家族観を、どのように変容させるのかを予見している。すなわちその物語において、そのテクノロジーは家族を吐き気を催すものへと変えるものとして描かれているのである。

このような未来の予見は決して科学的に導き出されたものではない。したがってそれは正確ではないかもしれない。しかしそこに表現されているのは、少なくとも、この作品がなければ決して考えることのできなかった未来だろう。そして、同時に、私たちがやがて行きつくかもしれない未来の可能性ではあるのだ。

(三) 未来像を共有する対話

ただし、想像力を拡大するということは、未来を予見するために必要であるけれども、それだけで十分なわけではない。なぜなら、私たちが想像できるテクノロジーの未来は、一つではないからである。

私たちはさまざまな形で未来を想像することができる。ある未来像が非常に説得力を持っていたとしても、それは別の可能性を閉ざすものではない。想像力によって未来をイメージしても、その未来が必ず到来するわけではない。私たちには常に別の未来像が開かれているのである。

単に文学や芸術の営みとして未来を予見しようとする限り、このことは何の問題も起こさない。しかし、それを一つの倫理的な実践として、規範や政策へと落とし込もうとするならば、大きな問題になる。なぜなら、未来像が多様な可能性に開かれているならば、なぜある特定の未来像を選択し、それに基づいて課題に取り組むことが必要なのか、ということが説明されなければならないからだ。それが説明できないのなら、未来の予見は恣意的なものとなり、客観的な妥当性を持たなくなるだろう。

例えばＡＩについて考えてみよう。ＡＩが進歩すると、いつの日かアルゴリズムが自我を持ち、人類に対する反乱を起こすかもしれない。ほとんどあり得そうにない可能性だが、この未来像を、仮に未来像Aと呼んでみよう。しかし、それはAIの未来に関する一つのイメージに過ぎない。私たちはそれ以外にも、例えばAIよりも優れた情報通信技術が出現し、AIが時代遅れのテクノロジーとして扱われている未来を想像することもできる。この未来像を、未来像Bと呼んでみよう。

未来像A：AIが自我を持って人類に対して反乱を起こす
未来像B：AIに代わる新しい技術が登場し、AIは時代遅れになる

例えば私たちが、未来像Aに基づいて、AIが反乱を起こさないようにするための対策を講じ、そのために予算を使おうとしているとしよう。しかし、別の人々からの次のような反論に遭遇する。すなわち、なぜ未来像Aを採用して対策を講じるのか、むしろ未来像Bに基づいて、予算をAIの次にやってくるテクノロジーの開発に充てるべきなのではないか。このような反論に対して、どのように応えることができるのだろうか。

結論から言えば、想像力に基づく未来の予見が、科学的な実証性に基づくものではない以上、この反論に対して科学的な仕方で再反論することはできない。ではどうするのか。

一つ、とてもシンプルな解決策がある。それは想像力を通わせ合い、対話することである。確かに、私たちが想像する未来像は多様であり、それを科学的に一つに特定することはできない。しかし、その未来像について人々が対話することによって、未来像を共有することはできる。

もちろんそれは科学的には正確ではないかもしれない。しかし、未来世代への脅威を正確に予測することは、そもそも人間には不可能なのだ。その不可能性を前提にした上で、それでも私たちに講じ得る解決策があるとすれば、自分と他者の想像力を通わせながら、対話の中で未来像を形作り、互いの理解を深めていくしかない。それが最善の方法なのではないか。

こうした、未来の予見における対話の重要性は、科学技術社会論の分野で論じられる、情報伝達・意思決定モデルをめぐる議論とも連関する。科学の専門的な知識を、非専門家である公衆がどのように受容するのかをめぐって、従来において支配的であった考え方は、次のようなものだった。すなわち、公衆には専門的な知識が欠如しており、専門家がそうした知識を補完することで、情報伝達が行われるという発想である。このような考え方を「欠如モデル」という。

欠如モデルはいくつかの前提から成り立っている。第一に、伝達される知識は正答誤答が一意に定まる正しい知識から成り立っており、第二に、科学の専門家はそうした知識を十分に有しており、第三に、公衆が専門的な知識に欠如している状態は客観的に測定可能である、ということだ。しかし、九〇年代以降、さまざまな研究によってこれらの前提はいずれも単純に前提にできないことが明らかになり、その代替モデルが提唱されてきた[*10]。

例えば、「文脈モデル」と呼ばれる発想では、公衆が、科学的な専門性とは関係のない、それぞれの当事者が属している文脈に基づく知識を有していると想定される。科学的な専門性は、そうしたさまざまな文脈の中の一つへと相対化されるのであって、公衆が当事者として属する文脈に依存する知識が軽視されてよい理由にはならない。そうした知識を組織化し、科学の専門家と並列する別の専門性として捉えるなら、それは「素人の専門性モデル」と呼ばれる発想へとつながっていく。そして、このように当事者として専門性を持つ当事者が、科学の専門家とともに双方向的にコミュニケーションすることによって、初めて十分な科学に関する知識や合意が得られるという考え方を、「市民参加モデル」という。

市民参加モデルの代表的な実践として挙げられるのが、「コンセンサス会議」と呼ばれる手法だ。これは、科学技術に関するテーマについて、専門家ではなく市民がパネラーとなって対話し、議論を重ねることで、合意形成をするものである。このような議論の形態は、特に、安心・安全に大きな影響を与える科学技術について、政治的な意思決定が必要な局面で、有効であると言われている。[*11]

未来倫理の問題圏で未来の予見を考えるとき、市民参加モデルは有効な理論になるだろう。前述の通り、科学的な実証性に基づいて未来を予測することができない以上、専門家は公衆に対して十分な知識を持っていない。だからこそ、市民同士が相互に対話を重ね、その帰結として得られる知識こそが、意思決定の基盤として権威をも持つべきではないだろうか。

まとめよう。未来を予見するために必要なのは、第一に、想像力を拡大して未来をイメージすることであり、そして第二に、他者と対話することでそうした未来像を共有することである。想像力と対話が、未来を予見するためには必要不可欠なのだ。

未来予見の実践例

未来倫理において取り組むべき課題を定義するためには、技術と社会の関係を柔軟に捉え、網羅的に課題を発見する視点と、想像力と対話によって他者と未来像を共有するプロセスが必要である。豊かな想像力によって未来をイメージすること、そしてそうしたイメージについて対話することが必要である。

では、このような未来の予見を実現できる手法には、どのようなものがあるだろうか。全く新しい手法を開発することも可能だろうが、すでにさまざまな場所で実践されている先駆的な手法のうちに、私たちはその有力な可能性を見出すことができる。

以下ではそうした手法として、スペキュラティヴ・デザイン、フューチャー・デザイン、SFプロトタイピングの取り組みを紹介しよう。

（一）スペキュラティヴ・デザイン

スペキュラティヴ・デザイン（speculative design）とは、その名の通り、プロダクト（製品・製造物）が人々に対して思索を喚起するようなデザインの様式である。[*12]

一般的に、プロダクトのデザインは、そのプロダクトが直面している所与の課題を解決し、目的に最適化するよう設計されるのであり、それが最適化されていればいるほど、社会に普及し、人々の生活の中に浸透していく。一般的なデザインが目指すのは、そのデザインが人々にとって「当たり前」のものになるということであり、生活の一部へと溶け込んでいき、そもそもデザインとして意識されなくなることである、と言える。

これに対してスペキュラティヴ・デザインが目指すのはその反対である。すなわちそれは、所与の課題を解決することではなく、そのデザインを通じて新しい課題を発見するよう促すのである。人々にその前を素通りさせるのではなく、人々の足を止めさせ、視線を釘《くぎ》づけにし、疑問を喚起させることが、スペキュラティヴ・デザインの目指す役割だ。

では、それは具体的にはどんなデザインなのか。いくつか例を挙げてみよう。

サイエンス・アートと呼ばれる、科学的な手法を用いた芸術作品を専門とするアーティストのオロン・カッツとイオナ・ズールは、二〇〇八年にある展覧会で「Victimless Leather: A Prototype of a Stitch-less Jacket Grown in a Technoscientific "Body"」という作品を展示した。この作品は容器の中に入った細胞の塊である。これは、もともとある動物から採取され、容器で培養して毛を生やした、いわば生きた毛皮の細胞である。動物を犠牲にすることなく毛皮を採取する方法、ということが、このアートのコンセプトだ。

これだけを聞くと、それは社会課題への魅力的な解決策のように思われるかもしれない。しかし、実際にこの作品を前にしたとき、多くの人々が感じるのは、それとは全然違った印象である。培養容器に入った、毛の生えた、もはや誰のものでもない細胞の塊を見たとき、人々はそこに何かしらの違和感を抱く。

ではその違和感は何に由来するのか。私たちは、どのような点に、もやもやを抱くのだろうか。この作品は見るものにそうした疑問を喚起する。そして、そうした疑問について検討するとき、私たちはいつの間にか、生命とは何か、肉体とは何か、ファッションとは何かという、より根源的な問いへと向かっていく。このように、人々を思索へと向かわせるという点に、スペキュラティヴ・デザインの真価がある。

重要なのは、それが「答えを出す」のではなく、「問いを喚起する」ということである。そしてそれは、未来を予測しようとするとき、私たちの想像力を拡大することに寄与する。

オランダの都市計画家レム・コールハースは、自らの代表するシンクタンクで、ヨーロッパのエネルギー網のグランドデザイン「Eneropa」を発表した。これは、その全領域で再生可能エネルギーが展開された、架空のヨーロッパの姿を描き出すものであり、現在の国名に代わって、主要なエネルギー供給方法を地名に採用している。例えば、「風の島」「潮の島」「地熱の郷」「陽光の地」「バイオマスの都」などだ。この作品は、欧州気候基金の「Roadmap2050」の調査の一貫として作成され、再生可能エネルギーをめぐる議論に役立てられた。その未来像は、私たちがエネルギー問題の解決に最適化された社会を構想するとき、そこにどんな未来が立ち現れるのかを考えさせるものだ。

議論を刺激したり促進したりすることができるということも、スペキュラティヴ・デザインの大きな効用である。実際にそうした特徴を活かしたワークショップも数多く開催されている。

例えば、日本を含む世界一二か所に拠点を持つ「FabCafe」では、スペキュラティヴ・デザインを介して社会課題について考えるワークショップが企画されている。二〇一八年に開催された「スペキュラティブワークショップ」では、アーティストの長谷川愛によってスペキュラティヴ・デザインに関する講演が行われたあと、「二〇三〇年のあなたはどこで、誰と、どのように働き、暮らしていますか?」「その時のあなたに起こる問題はどのようなものでしょうか?」という二つの問いを中心に、未来予想図を作成するグループワークが行われた。

テクノロジーをめぐるより公共性の高い議論にスペキュラティヴ・デザインを組み込んだ例もある。科学社会論の研究者である吉澤剛《よしざわごう》は、バイオテクノロジーに関する倫理的な課題に対して、市民がポジティブに関与できるための施策として、二〇一八年に「細胞グ。～あなたの体はあなたのもの、なのか？～」というワークショップをコーディネートした。[*13] ここでは、機能性細胞衣服という作品を介しながら、ゲノム研究が直面する新たな倫理的課題について議論が行われた。

スペキュラティヴ・デザインを活用した議論の設計は、先端的なテクノロジーの倫理的・法的・社会的課題への取り組みとしても、大きな注目を集めている。[*14] それは、市民による科学技術政策への主体的な関与を促し、一人ひとりが主体的に自ら未来の世界を構想する契機となる、と期待できるからだ。それらが実際に公共政策に活かされるのであれば、そこには民主主義的なテクノロジーのガバナンスを実現する新しい可能性が開かれるのではないだろうか。

（二） フューチャー・デザイン

スペキュラティヴ・デザインは、新しい未来の可能性を想像させるデザインによって、人々の議論を促進するよう活用される。それに対して、議論の形式そのものに未来世代の視点を導入するワークショップも開発されている。それが、フューチャー・デザインと呼ばれる手法である。

フューチャー・デザインとは、経済学者の西條辰義《さいじょうたつよし》らが中心となって開発した、市民参画型ワークショップの手法である。その基本的な問題の関心は次の点にある。私たちは未来世代に影響を及ぼす意思決定をするとき、議論をして合意を形成する。しかし、私たちは現在世代の枠組みの中でしか議論をすることができず、そこに未来世代の声を反映することはできない。ここには、民主主義では必然的に未来世代を配慮することができないという、構造的な欠陥がある。

しかし、西條によれば、そもそも人間は単に利己的なだけの存在ではない。人間には、「現在世代が自分の利益を差し置いても、将来世代の利益を優先するという可能性*15」が備わっているからだ。そうであるとしたら、それを有効に活用することができれば、現在世代の議論の中に未来世代への視点を反映することはできる。このような可能性は「将来可能性*16」と呼ばれる。フューチャー・デザインは、こうした可能性に働きかけることのできるような議論の場を設計していくことを探究する営みである、と言える。

実際に、フューチャー・デザインのモデルとして考案されたゲームが、世代間持続可能性ジレンマゲームと呼ばれるものだ。ルールはシンプルである。三人の被験者がグループを組む。グループは、三六ドルを得ることができるAという選択肢と、二七ドルを得ることができるBという選択肢のいずれかを選択する。Aを選択すると、次のグループがAとBのいずれかを選択して得ることができる金額が九ドル減少する。一方、Bを選択すれば、次のグループが得る金額は変わらない。選択に際して、グループでは最大で一〇分間の話し合いをすることができる。

このゲームは、グループを一つの疑似的な世代として考えることで、現在世代が自らの利益を未来世代の利益よりも優先するか否かをシミュレーションするものとして理解できる。ある実験では、この条件でゲームを行った場合、Bを選択したグループは全体のうち二八パーセントだった。つまり、約三割の人が未来世代への貯蓄を優先し、残りの七割の人は現在世代の利益を最大化することを優先した、ということである。

その上で、ゲームのルールが一部変更される。三人のうち一人を、次のグループの人々を代表させ、残りの二人を説得する役を演じてもらうのだ。グループは疑似的な世代であ

世代間持続可能性ジレンマゲーム

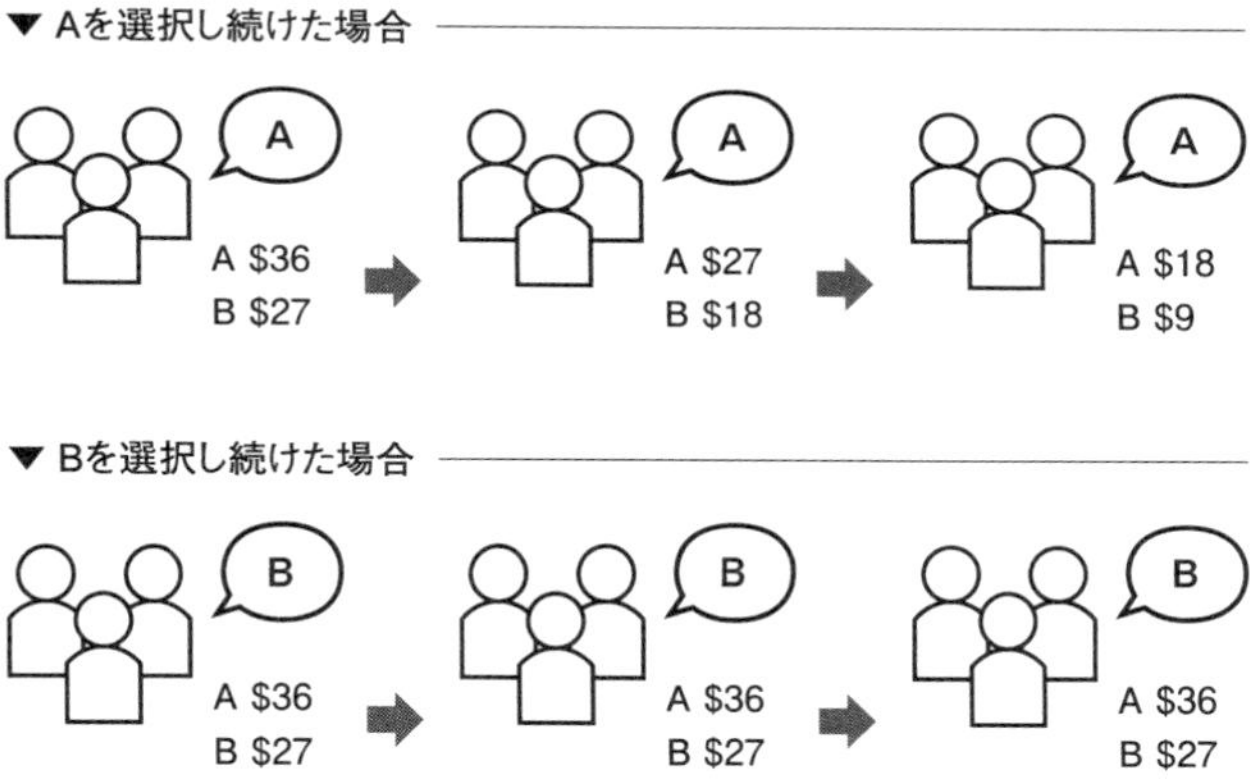

るから、次のグループの代表者を演じる人は、いわば未来世代の代理として、現在世代の議論の中に出現することになる。それ以外の条件は同じにして先ほどのゲームをプレイする。すると、大変興味深いことに、Bを選択する人は六〇パーセントにまで増加した。全体の過半数が、未来世代の貯蓄を選択したのである[*17]。

このように、未来世代の利害を代表する存在は、「仮想将来世代[*18]」と呼ばれる。右の実験は、仮想将来世代を組み込んだ議論を設計することが、現在の議論において未来世代への配慮を実現する手段として有効であることを示している。

フューチャー・デザインは、このアイデア

を拡張・応用し、地方自治体のレベルでの市民参加ワークショップとして実践されている。そこでは、「五〇年後の〇〇市」「一〇〇年後の××市」といった条件のもとで、参加者が未来世代になりきってテーマについて話し合う。参加者は、未来の自分が置かれている状況を想像し、その未来においてどんな問題が起きているのか、その問題を解決するためには現在においてどんな取り組みが必要なのかを考える。

興味深いのは、ワークショップの中で、議論をする際の言葉遣いに工夫が凝らされていることだ。参加者は仮想将来世代である。だから、現在の事象について語るときには、常に過去形を使って話し合う。それによって、現在を未来の視点から眺め返すことが容易になるのである。

西條は、こうしたフューチャー・デザインの着想を、アメリカ先住民族の間に伝わる「イロコイ」と呼ばれる意思決定の仕組みに見出したという。イロコイとは、複数の部族によって構成された連邦国家の総称であり、そこで重要な意思決定をする際、代表者は自らを七世代後に置き換えて思考し、議論を交わしたという。[*19] そのように遠い未来を展望することによって、現在の選択の正しさを、新しい光のもとで計ることができる。その発想はフューチャー・デザインにも通底するものであろう。

注意しておくべきことがある。それは、フューチャー・デザインが、実際に未来世代の声を代弁するものではない、ということである。そのような機能を求めるなら、フューチャー・デザインは常に不十分でしかあり得ない。しかし、この手法の真価はそこにあるのではない。むしろそれは、未来世代に対する現在世代の想像力を拡張し、かつ、話し合いによってそうした想像を交わし合うことができるような、議論の場を設計できるという点にあるのだ。この意味においてフューチャー・デザインは、未来倫理の民主主義的な実践として、大きな可能性を秘めている。

(三) SFプロトタイピング

私たちは、議論の場においてだけではなく、他者とともに作品を作る過程でも、新しい未来への想像力を他者と共有することができる。このような点で注目に値するのが、SFプロトタイピングと呼ばれている手法である。

「プロトタイピング」とは、完成品の製作に着手する前に、早期かつ簡素に試作品を作り上げ、それをもとにプロダクトをブラッシュアップする手法である。SFプロトタイピングは、いわば、サイエンス・フィクションの想像力を活用することで、私たちの未来像の試作品を考えることであり、それをもとに、私たちにとって望ましい未来の姿を再検討（ブラッシュアップ）するものである、と考えられる。[*20]

具体的に、ＳＦプロトタイピングは次のように運用される。まず、企業や行政が未来像を構想するプロジェクトを起案する。そしてそのプロジェクトに基づいて、クリエイターや専門家に発注し、そのプロジェクトの関係者が組織される。ここでいうクリエイターには、小説家・漫画家・デザイナー・アーティスト・イラストレーターなどが含まれる。また、これらの関係者を仲介するために、フリーランスの編集者がコーディネーターとして参画することもある。[*21]これらのメンバーが一丸となって、プロジェクトの目的を達成するために、ＳＦ的な想像力に基づいて未来像を構想し、アウトプットを協働して製作するのである。

リコーは「西暦二〇三六年を想像してみた」と題したプロジェクトを行っている。これは、二〇三六年までに「あり得るかもしれないワークスタイルの未来を想像するプロジェクト」[*22]であり、ゲームクリエイター・漫画家・ＳＦ作家が、それぞれの視点から未来像を提示するというものだ。プロジェクトは、クリエイターの未来予測、そのイラスト化、そしてクリエイターと研究者の対談によって構成されており、その成果はリコーのＨＰ上で公開されている。*23

例えば漫画家のゆうきまさみは、二〇三六年の「働き方」について、「バーチャル通勤」がトレンドになる未来を提示している。ゆうきの考えによれば、どれだけオンライン化が進んでも、人々は職場に出て仕事することをやめない。しかし、全てのワーカーが同じ場所で仕事をする必要はない。オフィスは別々の場所に点在しながらも、AR（Augmented Reality：拡張現実）技術を応用することによって、あたかも同じオフィスで仕事をしているかのように、働くことができるのではないか。

ゆうきはそうした働き方を可能にするテクノロジーとして、同期機能を備えたデスクと、デスクと連動するARメガネを提案する。それぞれ違ったオフィスにいるワーカーは、同じ規格のデスクを使い、そのデスクはオンライン上で同期される。そして、そのデスクと連携したARメガネをかけることによって、ワーカーにはホログラムによって、実際には目の前に存在しない同僚の姿が映し出される。それによって、あたかも同僚と同じオフィスで働いているかのような感覚で、仕事をすることができるのだ。

ARメガネを利用するからこそ、例えば、その日の気分によってオフィスの背景を変え、集中力や仕事効率を高めることができる。また、同僚が仕事と関係のない話をしているときには、その同僚の姿を低解像度にしたり、モザイクをかけたりすることができる。

ゆうきは、リコーのエンジニアである稲本浩久との対談の中で、このような未来像を提案するにあたり、漫画家が作画作業を一人でしていたら、孤独に耐えられないのではないか、という着想をもとにしていたと語る。この企画は二〇一六年に行われたものだが、新型コロナウイルス感染症の拡大によって、世界的にオンライン化が進んだ結果、孤独による精神的な負荷に対して改めて警鐘がなされていることを鑑みると、この予測は慧眼《けいがん》であったと言えるかもしれない。また稲本は、雑談をしているときには低解像度にするという、あえて情報を劣化させるという発想が、エンジニアからは生まれないものだろうと述べている。

SFプロトタイピングはさまざまな事例に応用することのできる汎用性の高い手法である。とはいえ、未来について好き勝手な物語を考えれば、それがSFプロトタイピングになるわけではない。宮本道人《どうじん》らはそこで重視されるべき特徴を次の三つの観点から整理している。

1．ガジェットを介した未来の具現化：未来社会の変化を象徴するガジェット（製

品・街・社会制度など）が登場すること

2．**キャラクターからの具体的な眺め**：抽象的な視点ではなく、特定の性格や意志、感情を持ったキャラクターの視点から、ガジェットのもたらす影響が考察されること

3．**プロットによる動的なシミュレーション**：断片的なシナリオにとどまらず、キャラクターたちの意識や社会状況が時間経過にともない変容してゆくプロセスを描くこと[*24]

宮本らが強調するのは、こうしたSFプロトタイピングが、単なる空想で終わることなく、現実のイノベーションを創出し得る、ということだ。例えば、ロケット工学の基礎を築いたコンスタンチン・ツィオルコフスキーは、ジュール・ヴェルヌのSF小説『月世界旅行』から多大な影響を受けていたという。また、アイザック・アシモフが自らのSF小説の中で提示したロボット工学三原則は、その後の現実のロボット工学者に影響を及ぼした。[*25] SFプロトタイピングも同様に、単なる思考実験で終わることなく、その先で新しい未来を現実に作り出すポテンシャルを秘めているのである。

ただし、私見では、SFプロトタイピングの強みは、それがイノベーションの起爆剤に

なるということだけに尽きない。同様に重視するべきなのは、それがあくまでも「プロトタイピング」であること、つまり、卑近な言い方をすれば未来の「叩《たた》き台」であり、それを作りながら議論を交わすことで、未来像をブラッシュアップすることができるという点にあるように思える。完成度の高い未来像を提示するだけではなく、いわば急ごしらえの簡素な未来像を示し、それに対して多様な立場の人々が、ああだこうだと言いながら、その未来像に手を加えていく、そうした議論の場を作り出す点に、大きな価値があるのではないだろうか。

ＳＦプロトタイピングは、基本的には、プロジェクトを推進するための手法として位置づけられている。しかし、例えば未来の倫理観を推定し、ここから新しいテクノロジーの倫理的課題を導き出すことも可能だろう。未来倫理の応用という観点からも、この手法にはさまざまな可能性があると考えられる。

おわりに

本書は、未来世代に対する責任をどのように考えるべきか、という問いを中心にしながら、未来倫理の問題圏を探索してきた。

未来倫理は不思議な分野である。それは、とてつもなく壮大な話でありながら、とてつもなく身近な問題でもある。私たちに対して、ほとんどSFのような想像力を要求しながら、しかし日常におけるさまざまな判断と結びついている。

筆者は、そうした判断における指針として、読者に本書を役立ててもらいたいと考えている。ただしそれは、自分で考える代わりに、本書を杓子定規《しゃくしじょうぎ》に適用して欲しい、ということではない（恐らく、そもそもそうしたことは不可能だろう）。むしろ、本書を手がかりとして、叩き台として、読者の方々自身の思考を深化させてもらいたいのだ。

思考する、とはどういうことだろうか。筆者の考えでは、それは、「当たり前」を問い直すということである。

私たちは日常生活においてさまざまな「当たり前」に従って生きている。「当たり前」とは、すなわち、思い込み、常識、偏見のことだ。「世間ではみんなこう考えている」「こういうときは誰でもこうするものだ」というような、先入見のことだ。

そうしたものが悪いと言いたいわけではない。むしろ、「当たり前」がなければ、私たちの生きる世界は全くの混沌《こんとん》に呑み込まれてしまう。日常生活を生きるためには「当たり前」が必要である。

しかし、「当たり前」は同時に人間を無責任にもする。「この状況ではこうするのが当たり前だ」と思って行為するとき、私たちは、自分の行為に責任を感じることができない。「みんなそう行為しているから、自分も行為したんだ」と、自分の責任は「当たり前」を作り上げる「みんな」へと置き移されるからだ。だが、その「みんな」とは誰のことだろうか。それは誰でもない誰かではないのだろうか。

もちろん、そうした「当たり前」に従うことで何の問題も起きないのなら、別にそれで構わない。しかし、大変残念なことに、この世界にはしばしば「当たり前」を覆すような出来事が起きる。例えば、戦争、災害、経済危機は、それまでの世間の常識を根本から破壊してしまう。そうした事態を、ここでは「破局」と呼ぼう。破局に直面したとき、私たちは、「当たり前」に囚われることなく、何が正しい行為なのかを、自分で判断しなければならなくなる。そのとき、もはや効力を失ってしまった「当たり前」にすがり続けることは、無責任であり、無責任であろうとする責任を問われることになってしまう。

未来世代への脅威を考える、ということは、未来において生じる破局について考えることである。そのとき私たちは、現在の「当たり前」が根本から破壊される事態に思いを巡らせ、それに対して、「当たり前」にすがることなく、未来世代をどう配慮するのかを判断しなければならない。だからこそ、「当たり前」を問い直す思考が、未来倫理には必要なのである。

このような観点から、筆者は本書を執筆した。まだ未来倫理という分野に詳しくない読者の方々が、自身の思考を深めていくための手がかりとなるためには、本書はどんな内容であるべきだろうか。読者の方々は、本書に何を期待するだろうか。どんなことが書かれていたら、先に読み進めたいと思うだろうか。そして、本書で書かれていることを、自分から見える景色に当てはめ、立ち止まって考え直してみたいと思うだろうか。そのようにいろいろと考えた結果、このように各章が構成されることになった。

一方で、この分野の最新の先行研究を細やかにフォローすることは、思い切ってやめることにした。もちろん本書は、ロールズやヨナスなど、未来倫理の分野で必ず名前の挙がるビッグネームは押さえている。しかし、例えばロールズの研究者、ヨナスの研究者といった、二次的な学術研究についてはほとんど紹介することができなかった。

そうした先行研究が些細なものであり、紹介するに値しない、と考えているわけではない。私も一応研究者だから、それは自分の存在を否定することになる。あるいは、本書の読者にはそうした知識は理解できないだろう、高級すぎるだろう、などと思っているわけでもない。そうではなく、本書が果たすべき役割は、学術的に最先端の知識を紹介することや、先行研究の動向を跡づけることとは違う、もっと別のところにあると考えていたからである。

ではその役割とは何だろうか。しばらく考えていたのだが、あまり洒落《しゃれ》た例が思いつかないので、焼き肉のタレで説明してみようと思う。

スーパーに行くと、そこにはさまざまな焼き肉のタレが並んでいる。その中には高級店の味を再現したものもある。焼き肉であれば、そうしたタレを買っておけば、まず間違いない。安い肉を適当に焼いただけでも美味しく食べられる。当然のことながら、メーカーはその味を出すために途方もない時間と費用をかけて商品開発をしている。多くの人がプロジェクトに携わり、毎日タレを舐《な》めることを仕事にしている人もいる。

最新の先行研究をフォローした本とは、たとえて言うなら、高級焼き肉のタレのようなものだ。読者はそうした本によって、膨大なコストをかけて積み重ねられてきた研究の蓄積を、手軽に知ることができる。本来なら、毎日、最新の論文を検索し、資料を取り寄せ、図書館を往復し、論文を付箋だらけにしないと手に入れられない知識を、簡単に知ることができる。優れた研究書は本当に宝のようなものなのだ。あり得ないくらいにコスパのよい情報媒体だ。

しかし、その一方で、焼き肉のタレには欠点がある。それは、焼き肉にしか使えないということだ。奮発して高級焼き肉タレを買っても、毎日焼き肉を食べられるわけではない。だからといって別の料理に焼き肉のタレをかけてみても、それが美味しいとは限らない。筆者は、学生時代によく焼き肉のタレを買って、それをあらゆるものにつけて食べていた。しかし、たいていの場合、首をかしげたくなるような味になる。焼き肉のタレは焼き肉にかけるべきであって、それ以外のものにかけると、その魅力が台無しになってしまう。

同じことが、研究書にも言える。研究書を読み、その知識を自分のものにすることは、実はとても難しい。その知識を応用し、それを何らかの判断に役立てようとするのは、至難の業と言っていい。それは、一部の専門家が、一部の専門的な判断をするときには、役に立つかもしれない。しかし、そうではない人が、例えばビジネスで応用しようと思っても、その知識をうまく使いこなすことは簡単ではないだろう。無理に応用しようとすれば、その研究書の成果を矮小化《わいしょう》し、台無しにしてしまうかもしれない。

そこで筆者は、あるときから、焼き肉のタレは全て自分で作ることに決めた。もちろん市販の製品のような味は出せない。筆者が作るタレは、砂糖、醤油《しょうゆ》、酒、みりんを使ったシンプルなものだ。それでも食べられないことはない。いかにも素朴な味になってしまうが、それはそれで美味しいと思える。

このように自作するようになってから、気づいたことがある。それは、和食のタレのほとんどは、砂糖、醤油、酒、みりんでできているということだ。鳥の照り焼きのタレや、豚の生姜《しょうが》焼きのタレも、ベースはこの四種類だ。煮物や肉ジャガもこれらの調味料を使いこなせれば作れてしまう。要するに、この四種類でタレを作ることができれば、その技術は他の料理に応用可能なのである。そしてそこには、和食に関して言えば、無限の可能性が開かれている。

本書が目指したのは、こうした調味料の使い方を解説することに近い。ロールズやヨナスは、言ってみれば、醬油やみりんのようなものなのだ。「人新世」は砂糖であり、スペキュラティヴ・デザインは酒なのである。本書は、きっと、読者の方々をプロの研究者にすることはできないだろう。しかし、読者の方々が生きるそれぞれの生活の中で、それぞれの日常的な判断のために、本書の知識を応用してもらうことはできると思う。砂糖と醬油と酒とみりんから、さまざまな料理が作れるように、本書が提供した知識から、さまざまなケースにおける思考の道標が得られると思う。

もし、あなたがニュースを見ているとき、選挙で候補者が社会課題について語っているとき、カフェで企業の社会貢献が紹介されているとき、「あー、この問題、ロールズならどう答えるのかな」と考えてもらえるのなら、それこそが本書の目指したことである。本書がそのような形で使われ、未来について考えるための手がかりに役立てられるのなら、著者としてこれ以上の喜びはない。

最後になるが、本書の製作にあたって、編集者の藁谷浩一氏に大変お世話になった。藁谷氏に編集を担当してもらうのは、集英社新書から刊行された『原子力の哲学』に続いてのこととなる。原稿整理や内容に関するフィードバックなど、多くの面でサポートをしてもらった。記して感謝を申し上げたい。

註

【第二章】

＊1　フランシス・ベーコン『ノヴム・オルガヌム』桂寿一訳、岩波文庫、一九七八年、四四頁。

＊2　マックス・ホルクハイマー、テオドール・W・アドルノ『啓蒙の弁証法―哲学的断想』徳永恂訳、岩波文庫、二〇〇七年、三二頁。

＊3　斎藤幸平『人新世の「資本論」』集英社新書、二〇二〇年、三二頁。

＊4　同右、四二頁。

＊5　同右、四八頁。

＊6　同右、四九頁。

【第三章】

＊1　ジョン・ロールズ『正義論 改訂版』川本隆史ほか訳、紀伊國屋書店、二〇一〇年、一八頁。

＊2　同右、三八六頁。

＊3　こうした子孫への感情的なつながりを根拠とするロールズの説明に対しては多くの疑問点が寄せられている。井上は先行研究において提起されてきた批判として、（一）アドホックな修正であること、（二）子孫への配慮という考え方自体が特定の文化的価値に依存した想定であること、（三）ターゲットとなる未来世代が遠く離れれば離れるほど、子孫への配慮を想定することが困難になること、（四）子

孫への配慮という自然的な概念から未来世代への責任という規範的な概念を導出できる根拠が説明できないことを挙げている（井上彰「気候変動の正義と排出をめぐる通時的問題―世代間正義を軸として」、宇佐美誠編著『気候正義―地球温暖化に立ち向かう規範理論』勁草書房、二〇一九年、一一一―一二五頁、一二〇頁）。

＊4　前掲『正義論 改訂版』三九一頁。

＊5　Tim Mulgan, *Utilitarianism*, Cambridge University Press, 2020, 4-5.

＊6　パーフィットはこうした考え方を「人格影響説」と呼ぶ。これは、道徳的に重要なのは、ある行為の帰結として一人ひとりの人間にとってどのような影響が及ぶかという点である、と考える立場である。未来倫理の文脈で説明するなら、現在世代の行為が、未来世代に属する一人ひとりの人間（人格）にどのような影響を与えるのか、という観点から、行為の妥当性を考えるのが、この学説である。

＊7　デレク・パーフィット『理由と人格―非人格性の倫理へ』森村進訳、勁草書房、一九九八年、四七九頁。

＊8　パーフィットはこの考え方を「非人格的全体的原理」と呼び、次のように定義している。「もし他のことが等しいならば、最善の結果は最大量の幸福――幸福マイナス不幸の最終的総計の最大量――が存在するような結果である」（前掲『理由と人格』五二六頁）。

＊9　パーフィットは非人格的全体的原理とは別に、「もし他のことが等しいならば、最善の結果は、生あたり最大の平均の幸福の総量が存在するような結果である」と考える「非人格的平均原理」という学説を提案している（前掲『理由と人格』五二五頁）。この学説に従うなら「いとわしい結論」を回避す

ることができるが、そこには別の問題も生じる。なぜならこの学説では人数が評価の対象とならないため、暮らし向きの悪い人々を淘汰《とうた》することで幸福の総量を上昇させることができ、そしてその最大化を目指す限り、もっとも幸福な一人を除く全ての人間を淘汰することが最善である、ということになってしまうからだ。これはこれでまた受け入れられない結論である、とパーフィットは考えるのである。

*10 ハンス・ヨナス『責任という原理—科学技術文明のための倫理学の試み〔新装版〕』加藤尚武監訳、東信堂、二〇一〇年、三八六頁。

*11 ヨナスの議論をもう少し厳密に再構成するなら次のようになる。誰かに責任を負うことができるためには、責任を負う者に責任能力がなくてはならない。この世界から責任能力を持つ者が存在しなくなったら、誰も責任を負うことができなくなる。そうである以上、誰かに責任を負うことを肯定することは、同時に、その誰かに責任を負うことができる誰かが存在することを肯定することを意味するのでなければならない。ところで責任能力を持つ者は人間だけである。したがって、私たちが誰かに責任を負うことを肯定する限り、責任能力を持つ人類はこの世界に存在するべきである。ヨナスはこの論証を「形而上学的演繹」と呼ぶ（Hans Jonas, *Philosophische Untersuchungen und metaphysische Vermutungen*, Insel, 1992, 137-138)。

*12 Karl-Otto Apel, *Transformation der Philosophie: Band2 Das Apriori der Kommunikationsgemeinschaft*, Suhrkamp, 1973, 400.

*13 ibid., 426.

*14 ibid., 431.

＊15　Avner De-Shalit, *Why Posterity Matters: Environmental Policies and Future Generations*, Taylor and Francis, 1995, 35.

＊16　ibid., 39.

＊17　ibid., 15.

＊18　「依存して生きる者たちにはケアが必要である。まったく無力な状態で生活全般にわたってケアが必要な新生児も、まだ身体は動くけれども弱って生活に介助が必要な高齢者も、基本的なニーズを満たしてくれる人がいなければ、生きることや成長することができない。依存は、幼少時代など長期にわたることもあれば、一時的な病気のときのように短期間のものもある。文化的慣習や偏見によって依存の軽重は異なりうるが、人間の成長や病気、老いといった不変の事実を考えれば、どんな文化も、依存の要求に逆らっては一世代以上存続することができない」（エヴァ・フェダー・キテイ『愛の労働―あるいは依存とケアの正義論』岡野八代ほか訳、白澤社、二〇一〇年、二九頁）。

＊19　例えばケアの倫理の理論家として知られるネル・ノディングスは、遠隔地に生きる子どもと、いま「私」の目の前にいる子どもとが、ケアの対象として競合する場合、後者を優先するべきであると考えていた（Nel Noddings, *Caring: A feminine approach to ethics and moral education.* University of California Press, 1984, 15）。

＊20　Christopher Groves, *Care, Uncertainty and Intergenerational Ethics*, Palgrave Macmillan, 2014, 114.

＊21　ibid., 116.

＊22　ibid., 122-123.
＊23　ibid.

【第四章】

＊1　各国政府の気候変動に関する政策に科学的な基礎を与えることを目的とした国際機関。一九八八年に設立された。
＊2　報告書の正式名称は「気候変動の脅威や持続可能な発展及び貧困撲滅の努力への正解的な対応を強化するとの観点から、産業革命以前の水準比で一・五℃の地球温暖化の影響、並びに関係する世界の温室効果ガス（GHG）排出経路に関する特別報告書」。
＊3　IPCC, SPECIAL REPORT Global Warming of 1.5°C, 2018, https://www.ipcc.ch/sr15/（二〇二二年七月一八日閲覧）
＊4　東京新聞「グレタ・トゥンベリさん演説全文　「すべての未来世代の目はあなたたちに注がれている」」二〇一九年九月二五日　https://www.tokyo-np.co.jp/article/27279（二〇二二年七月一八日閲覧）
＊5　気候変動に伴うこうした構造的な不正義は、その取り組みに対する負担の調整を要求する。したがって現在世代から未来世代への影響という通時的問題だけではなく、国際社会における公平性という共時的問題を考える必要がある。
＊6　ジオ・エンジニアリングの倫理的課題については以下の文献が詳しい。桑田学「気候工学とカタストロフィ」吉永明弘、福永真弓編著『未来の環境倫理学』勁草書房、二〇一八年、一二五―一四〇頁。

＊7　原子力発電環境整備機構「地層処分について」https://www.numo.or.jp/chisoushobun/ichikarashiritai/what.html?param=sec03（二〇二二年七月一八日閲覧）
＊8　野波寛ほか「地層処分施設のための段階的・協調的アプローチの実践にむけた実証的研究：国民的議論の公正な進め方」二〇二〇年度・二〇二一年度地層処分事業に係る社会的側面に関する研究成果報告会、二〇二二年　https://www.numo.or.jp/pr-info/pr/social/result2/pdf/happyoushiryou_20220228_1-1.pdf（二〇二二年七月一八日閲覧）
＊9　「電源開発促進税法」「電源開発促進対策特別会計法」「発電用施設周辺地域整備法」の総称。
＊10　原子力発電環境整備機構「知ってほしい地層処分」二〇二二年　https://www.numo.or.jp/kagakutekitokusei_map/pdf/shittehoshii_a4_2204.pdf（二〇二二年七月一八日閲覧）一八―一九頁。
＊11　八木絵香『対話の場をデザインする―科学技術と社会のあいだをつなぐということ』大阪大学出版会、二〇〇九年、一六七―一六八頁。
＊12　実際に、最終処分場の建設を受け入れた地域にはさまざまなデメリットが生じる。例えば予見されていなかったアクシデントによる放射性物質の漏出はその一つだが、それだけではない。そこに最終処分場が建設されることによって、その土地の出身者が差別を受けたり、その土地の住人の間にこれまでなかったような利害関係が生じ、人間関係に亀裂が入ったりするかもしれない。そうした社会的な側面におけるデメリットも無視することはできない。
　また、外交安全上のリスクも勘案する必要があるだろう。二〇二二年、ウクライナを侵攻したロシア軍は、チェルノブイリ原子力発電所を武力によって直接占拠し、施設に対する空爆も行った。もしも最

終処分場が建設され、そこに大量の放射性廃棄物が貯蔵されているとなれば、軍事施設と同様に軍事的な攻撃目標になる可能性が否めない。それが建設地にとって大きなデメリットになることは疑う余地がない。

＊13　この問題を二〇世紀の哲学者ゲオルク・ピヒトは次のように示唆していた。「若干の設備の保全は数千年以上に亙《わた》って保証され得なければならない。天災も疫病も経済危機も革命も市民戦争も大戦争も、すべての専門家が不可欠と見なすところの、複雑な安全確保のための措置を無効ならしめることは許されない。このことは、人間の文明の従来の歴史が存続してきたと同様に、長く安定状態に留まるような政治的社会的秩序を要求する。プルトニウム経済が『安全』であると主張する人は、いかにして彼がこのような状態を作り出そうとするか、を言明しなければならない」（ゲオルク・ピヒト『続・いま、ここで―アウシュヴィッツとヒロシマ以後の哲学的考察』斎藤義一監修、大野篤一郎ほか訳、法政大学出版局、一九九二年、三四三頁）。

＊14　二〇一六年に発表された政府の生命倫理専門調査会では、生殖細胞へのゲノム編集の問題が次のようにまとめられている。（生命倫理専門調査会「ヒト受精胚へのゲノム編集技術を用いる研究について」二〇一六年　https://www8.cao.go.jp/cstp/tyousakai/life/chukanmatome.pdf〈二〇二二年七月一八日閲覧〉、六頁）

（ア）オフターゲットのリスク及び、モザイク発生のリスクがある
（イ）遺伝子改変による他の遺伝子等への影響などは現時点で全く予想できない
（ウ）世代を超えて影響が残ることから、その影響に伴うリスクを払拭できる科学的な実証は十分でな

いこと、更に、日本遺伝子細胞治療学会等の声明の指摘にもあるとおり、子孫に亘《わた》って長期にどのような影響を生じ得るかを分析する必要があるが、それを倫理的に問題なく、十分に検証することが現在の科学ではできないと認識される

（エ）遺伝子の総体が過去の人類からの貴重な遺産であることを考えると、現在の社会において生活する上での脆弱性を理由に次の世代に伝えないという選択をするよりは、その脆弱性を包摂できる社会を構築すべきであるとの考えもあり、広く社会の慎重な議論が必要である

＊15 中国科学技術部は賀の研究活動を停止させ、裁判所は彼を懲役三年に処した。また、この事件を契機として、中国国内では生殖細胞へのゲノム編集に関わる法律や倫理審査制度の整備が進められることになった。

＊16 二〇一五年に開催された「ヒトの遺伝子編集技術に関する国際サミット」では、初期のヒト胚もしくは生殖細胞へのゲノム編集を伴う基礎研究については、適切なルールと管理のもとで研究がなされるべきである、と確認された。

＊17 研究者の中には、生殖細胞へのゲノム編集の臨床利用を限定的に容認するべきだと考える者もいる。例えば澤井は、すでに行われている遺伝子治療との一貫性を取るため、単一遺伝子疾患の治療・予防に限定して、生殖細胞へのゲノム編集は倫理的に正当化される、という立場を採っている（澤井努『命をどこまで操作してよいか—応用倫理学講義』慶應義塾大学出版会、二〇二一年、一六一頁）。

＊18 日本学術会議哲学委員会いのちと心を考える分科会「提言 人の生殖にゲノム編集技術を用いることの倫理的正当性について」二〇二〇年 https://www.scj.go.jp/ja/info/kohyo/pdf/kohyo-24-t292-5.

pdf（二〇二二年七月一八日閲覧）、iii頁。
＊19　同右、ii—iii頁。
＊20　同右、iii頁。
＊21　同右、iii頁。
＊22　オルダス・ハクスリー『すばらしい新世界〔新訳版〕』大森望訳、ハヤカワepi文庫、早川書房、二〇一七年。

【第五章】
＊1　村田によれば、技術決定論とは「技術が社会のあり方を規定する」という立場である（村田純一『技術の哲学』岩波書店、二〇〇九年、一〇九頁）。
＊2　都市における鉄道を「遅刻」概念の関係については以下の文献を参照のこと。磯村英一『人間にとって都市とは何か』NHKブックス、日本放送出版協会、一九六八年。
＊3　カール・マルクス『新訳　哲学の貧困』的場昭弘編・訳・著、作品社、二〇二〇年。
＊4　マルティン・ハイデガー『技術とは何だろうか—三つの講演』森一郎編・訳、講談社学術文庫、二〇一九年。
＊5　村田は、社会決定論の代表的なものとして、日本社会における鉄砲のあり方を挙げるノエル・ペリンの議論を紹介しているが、その史学的な妥当性について留保を設けている（前掲『技術の哲学』一一一—一一三頁）。

＊6　同右、一二八頁。
＊7　ハンナ・アレント『人間の条件』志水速雄訳、ちくま学芸文庫、一九九四年。
＊8　ギュンター・アンダース『時代おくれの人間（上）―第二次産業革命時代における人間の魂』新装版、青木隆嘉訳、法政大学出版局、二〇一六年。
＊9　前掲『責任という原理』。
＊10　藤垣裕子・廣野喜幸編『科学コミュニケーション論』東京大学出版会、二〇〇八年、一一二頁。
＊11　同右、一一八頁。
＊12　各作品の概要について以下の文献を参照した。アンソニー・ダン、フィオナ・レイビー『スペキュラティヴ・デザイン　問題解決から、問題提起へ。―未来を思索するためにデザインができること』久保田晃弘監修、千葉敏生訳、ビー・エヌ・エヌ新社、二〇一五年。
＊13　FabCafe「細胞グ。～あなたの体はあなたのもの、なのか?～ Workshop by Shojinmeat Project」https://fabcafe.com/jp/events/tokyo/201803_saibo-gu/（二〇二一年七月一九日閲覧）
＊14　三成寿作、吉澤剛「ゲノム情報にかかる医科学研究の倫理政策と市民関与」、「医療・生命と倫理・社会」第一四号、大阪大学大学院医学系研究科・医の倫理と公共政策学教室、二〇一七年、五二―六〇頁。
＊15　西條辰義ほか編『フューチャー・デザインと哲学―世代を超えた対話』勁草書房、二〇二一年、四頁。
＊16　同右、三頁。

＊17　同右、二九―三〇頁。
＊18　同右、八頁。
＊19　同右、二八頁。
＊20　宮本らはSFプロトタイピングを「サイエンス・フィクション的な発想を元に、まだ実現していないビジョンの試作品＝プロトタイプを作ることで、他者と未来像を議論・共有するためのメソッド」として定義している（宮本道人監修・編著、難波優輝、大澤博隆編著『SFプロトタイピング―SFからイノベーションを生み出す新戦略』早川書房、二〇二一年、三頁）。
＊21　同右、一九〇―一九二頁。
＊22　同右、一〇八頁。
＊23　RICOH「西暦2036年を想像してみた」https://jp.ricoh.com/special/AD2036/（二〇二二年九月一五日閲覧）
＊24　前掲『SFプロトタイピング』四頁。
＊25　同右、九頁。

戸谷洋志（とや ひろし）

一九八八年東京都生まれ。哲学研究者、関西外国語大学准教授。法政大学文学部哲学科卒業、大阪大学大学院文学研究科博士後期課程修了。博士(文学)。現代ドイツ思想を中心にしながら、テクノロジーと社会の関係を研究。著書に『ハンス・ヨナスを読む』『原子力の哲学』『ハンス・ヨナス 未来への責任』『スマートな悪』、共著に『僕らの哲学的対話 棋士と哲学者』『漂泊のアーレント 戦場のヨナス』などがある。

集英社新書一一四八C

未来《みらい》倫理《りんり》

二〇二三年一月二二日 第一刷発行

著者……戸谷《とや》洋志《ひろし》

発行者……樋口尚也

発行所……株式会社集英社

東京都千代田区一ツ橋二-五-一〇 郵便番号一〇一-八〇五〇

電話 〇三-三二三〇-六三九一(編集部)
〇三-三二三〇-六〇八〇(読者係)
〇三-三二三〇-六三九三(販売部)書店専用

装幀……原 研哉

印刷所……凸版印刷株式会社

製本所……ナショナル製本協同組合

定価はカバーに表示してあります。

ISBN 978-4-08-721248-8 C0212

Printed in Japan

a pilot of wisdom

a pilot of wisdom

体を使って心をおさめる　修験道入門　田中利典
百歳の力　篠田桃紅
ブッダをたずねて　仏教二五〇〇年の歴史　立川武蔵
イスラーム　生と死と聖戦　中田　考
「おっぱい」は好きなだけ吸うがいい　加島祥造
科学の危機　金森　修
科学者は戦争で何をしたか　益川敏英
悪の力　姜　尚中
生存教室　ディストピアを生き抜くために　内田　樹／光岡英稔
ルバイヤートの謎　ペルシア詩が誘う考古の世界　金子民雄
感情で釣られる人々　なぜ理性は負け続けるのか　堀内進之介
永六輔の伝言　僕が愛した「芸と反骨」　矢崎泰久・編
淡々と生きる　100歳プロゴルファーの人生哲学　内田　棟
若者よ、猛省しなさい　下重暁子
イスラーム入門　文明の共存を考えるための99の扉　中田　考
ダメなときほど「言葉」を磨こう　萩本欽一
ゾーンの入り方　室伏広治

人工知能時代を〈善く生きる〉技術　堀内進之介
究極の選択　桜井章一
母の教え　10年後の『悩む力』　姜　尚中
一神教と戦争　橋爪大三郎／中田　考
善く死ぬための身体論　内田　樹／成瀬雅春
世界が変わる「視点」の見つけ方　佐藤可士和
いま、なぜ魯迅か　佐高　信
人生にとって挫折とは何か　下重暁子
全体主義の克服　マルクス・ガブリエル／中島隆博
悲しみとともにどう生きるか　柳田邦男／若松英輔　ほか
原子力の哲学　戸谷洋志
退屈とポスト・トゥルース　マーク・キングウェル／上岡伸雄・訳
「利他」とは何か　伊藤亜紗・編
はじめての動物倫理学　田上孝一
ポストコロナの生命哲学　福岡伸一／伊藤亜紗／藤原辰史
哲学で抵抗する　高桑和巳
いまを生きるカント倫理学　秋元康隆

集英社新書　好評既刊

社会——B

- 人間の居場所　田原 牧
- いとも優雅な意地悪の教本　橋本 治
- 世界のタブー　阿門 禮
- 明治維新150年を考える ——「本と新聞の大学」講義録　一色 清／姜尚中 ほか
- 「富士そば」は、なぜアルバイトにボーナスを出すのか　丹 道夫
- 男と女の理不尽な愉しみ　林 真理子／壇 蜜
- 欲望する「ことば」「社会記号」とマーケティング　嶋 浩一郎／松井 剛
- ぼくたちはこの国をこんなふうに愛することに決めた　高橋源一郎
- ペンの力　浅田 次郎／吉岡 忍
- 「東北のハワイ」は、なぜV字回復したのか スパリゾートハワイアンズの奇跡　清水 一利
- 村の酒屋を復活させる 田沢ワイン村の挑戦　玉村 豊男
- デジタル・ポピュリズム 操作される世論と民主主義　福田 直子
- 戦後と災後の間——溶融するメディアと社会　吉見 俊哉
- 「定年後」はお寺が居場所　星野 哲
- ルポ 漂流する民主主義　真鍋 弘樹
- ルポ ひきこもり未満　池上 正樹
- 中国人のこころ「ことば」からみる思考と感覚　小野 秀樹
- わかりやすさの罠 池上流「知る力」の鍛え方　池上 彰
- メディアは誰のものか ——「本と新聞の大学」講義録　一色 清／姜尚中 ほか
- 京大的アホがなぜ必要か　酒井 敏
- 天井のない監獄 ガザの声を聴け！　清田 明宏
- 限界のタワーマンション　榊 淳司
- 日本人は「やめる練習」がたりてない　野本 響子
- 俺たちはどう生きるか　大竹まこと
- 「他者」の起源 ノーベル賞作家のハーバード連続講演録　トニ・モリスン
- 言い訳 関東芸人はなぜM-1で勝てないのか　ナイツ 塙 宣之
- 自己検証・危険地報道　安田純平 ほか
- 都市は文化《アート》でよみがえる　大林 剛郎
- 「言葉」が暴走する時代の処世術　太田 光／山極 寿一
- 性風俗シングルマザー　坂爪 真吾
- 美意識の値段　山口 桂
- ストライキ2.0 ブラック企業と闘う武器　今野 晴貴
- 香港デモ戦記　小川 善照

a pilot of wisdom

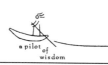